大旗出版
BANNER PUBLISHING

大旗出版
BANNER PUBLISHING

大旗出版
BANNER PUBLISHING

大旗出版
BANNER PUBLISHING

放歌縱酒話盛唐

詩聖杜甫的鎏金歲月

目錄

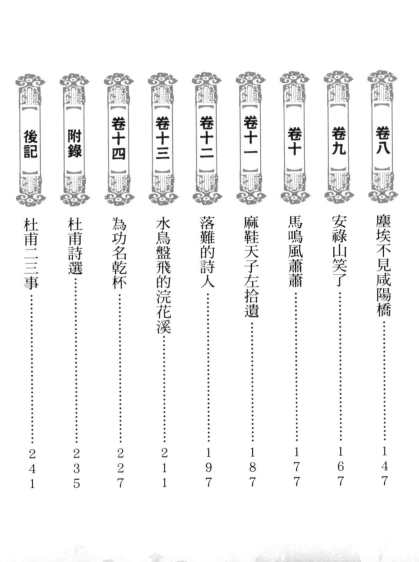

春望

國破山河在，城春草木深。
感時花濺淚，恨別鳥驚心。
烽火連三月，家書抵萬金。
白頭搔更短，渾欲不勝簪。

——唐・杜甫

序　杜甫這個人

磨刀嗚咽水，水赤刃傷手。欲輕腸斷聲，心緒亂已久。
丈夫誓許國，憤惋復何有。功名圖騏驎，戰骨當速朽。

杜甫《前出塞．九首之一》

識字以來，喜歡閱讀文字不多的書籍，如《廣昔時賢文》、《千家詩》、《唐詩》、《宋詞》，因為從這些可以分篇閱讀的作品中，你會發現閱讀是一件相當愉快與輕鬆的事。不像大部頭的《西遊記》、《紅樓夢》，要花很長的時間去讀，事情忙了，擱下了，隔了幾天，書中所描述的故事卻淡了，似乎要快速再瀏覽一遍，否則，會有連不上的感覺。

讀唐詩，沒有這種現象。

因為唐詩可以一首一首讀，直到讀出趣味來。

朗讀了《唐詩三百首》之後，對於這本蠻有份量的詩選，尤深愛之，也及之於縱橫大唐文化舞台的詩人，李白、王維、白居易、孟浩然……。而對於杜甫，亦深愛之，透過他們淺顯易懂的詩文，我看到了盛唐的繁華，也看到了苦難唐朝的滄桑與令人悲慟的往事。

車轔轔，馬蕭蕭，行人弓箭各在腰，爺娘妻子走相送，塵埃不見咸陽橋。牽衣頓足攔道哭，哭聲直上干雲霄。道旁過者問行人，行人但云點行頻。或從十五北防河，便至四十西營田。

去時里正與裹頭，歸來頭白還戍邊。邊庭流血成海水，武皇開邊意未已。君不聞，漢家山東二百州，千村萬落生荊杞。縱有健婦把鋤犁，禾生隴畝無東西。況復秦兵耐苦戰，被驅不異犬與雞。長者雖有問，役夫敢申恨？且如今年冬，未休關西卒。縣官急索租，租稅從何出？信知生男惡，反是生女好；生女猶是嫁比鄰，生男埋沒隨百草。

序　杜甫這個人

君不見，青海頭，古來白骨無人收。新鬼煩冤舊鬼哭，天陰雨溼聲啾啾！

杜甫《兵車行》

當我讀到了杜甫的《兵車行》，從文字中似乎還隱約聽到車輪急促滾動的聲音，聽到送行者的哀號聲，看到馬蹄揚起的塵埃，總是忍不住地想找個地方，為那個苦難的年代痛哭一場。

年紀稍長，了解了杜甫的身世後，年少時想哭泣的衝動仍在。

杜甫年輕時，在漫遊中渡過了青春歲月，二十四歲時，參加科舉考試。落榜後，一直熬到十年之後，三十五歲了，才興沖沖參加制舉考試。然而，天不從人願，在宰相李林甫「野無遺賢」（註）的笑鬧劇中，再次落榜！

註：唐玄宗想廣求天下人才，令全國有一技之長的人到京師來；李林甫怕民間有才德的人士在對答試題時指責他的姦邪罪過，於是百般刁難，導致無人錄取。這本是一個悲劇，但他卻上書皇帝表示祝賀，聲稱這是「野無遺賢」，表示皇帝已聖明到把所有人才都盡皆提拔使用了，真正達到人盡其才的最高境界。其實李林甫所為只是誤國利己，但達到其目的卻是順玄宗之意而逆天行，先是層層設關卡，民間有識之士無一能過關者，再以難題把應試者全部推出門外，最後竟以「野無遺賢」相賀。

然而，禍不單行。

此時，擔任兗州司馬和奉天縣令的父親杜閑去世，斷絕了杜甫的生活來源。為了生活，為了能在長安城活下去，並且等待機會，杜甫不得不四處寫詩獻給當時的名士或權貴，希望能獲得引薦。除此之外，也種了一些藥草，沿街賣藥，換取零星的收入過日子，或寄食於朋友家，過著「朝扣富兒門，暮隨肥馬塵；殘杯與冷炙，到處潛悲辛」（杜甫《奉贈韋左丞丈二十二韻》）的乞丐生活。

雖然曾經向唐玄宗進獻《三大禮賦》（註），受到讚許，命他待在集賢院等候派官令。然而，這一等就是整整四年，鬍子都等白了，最後，還是沒了下文。

好不容易當了個掌管兵甲、器杖、管理門禁鎖鑰的正八品下的小官——右衛率府兵曹參軍。不料一個月過後，安祿山造反了，他也隨著人潮四處流竄，逃出了長安後，過著有一餐沒一餐的生活……

多年來，一直想寫一本關於杜甫的書，把他的滄桑遭遇與憂國憂民之情懷，寫成淺顯易讀的故事，尤其是雙十年華時的青澀，閱讀了林語堂撰寫《蘇東坡傳》之後，就著手蒐集資料，沒想到這些年來，一直忙於「看似平常卻非尋常」的新聞或編輯工作，使得撰寫工作耽擱了，直至我離開離開市公所那份如「雞肋」般的工作，讓我有更多時間閱讀與寫作。

《放歌縱酒話盛唐》是一本關於杜甫的點滴故事，不是歷史，是一本有點歷史背景的小說，卻無關史實。讓我們輕鬆讀，從閱讀中找到與文字接觸的樂趣，找回唐代曾經輝煌過的那段金色歲月。

苦難的唐朝，苦難的詩人。

杜甫這個人，值得我們尊敬。

希望您也會像我一樣，喜歡他的詩，從他的詩作中了解盛唐的故事，了解詩聖的悲歡生活！

鄧榮坤

註：杜甫是在天寶九年（西元七五〇年）冬對唐玄宗進獻《三大禮賦》，分別為《朝獻太清宮賦》、《朝享太廟賦》、《有事於南郊賦》。是杜甫一生中最引為榮耀的一件大事。

卷一　肇縣南瑤灣村

翻手作雲覆手雨，紛紛輕薄何須數？
君不見管鮑貧時交，此道今人棄如土。

杜甫《貧交行》

在黃河南邊，一個貧困偏遠的鞏縣邙山（註1）山麓下，傳出了洪亮的嬰兒哭聲。延和元年（西元七一二年），二月十二日，風微微。日後被喚為子美的男孩出生了，生活的苦，讓他的哭聲響遍了邙山山麓下的村落。遠遠望去，約三百公尺高的邙山為黃土丘陵地，如一座孤峰般突起於村落，是洛陽北面的一道天然屏障。相傳老子曾經在邙山煉丹，山上有一座奉祀老子的上清觀，香火鼎盛，一直是邙山山麓下村民們的精神地標。

微風陣陣拂過村落，嬰兒的哭聲持續迴盪在邙山山麓，這位出生平凡的男子在未來的歲月裡，以血與淚在盛唐的疆域寫詩，以詩詮釋奔波寂寥的一生。

■

離鞏縣有點遠的長安城，天空十分燦爛。

延和元年八月三日，唐朝在位最久的皇帝，唐睿宗李旦的第三子已經二十八歲了，年輕的李隆基（唐玄宗）從父親唐睿宗手中接過了玉璽後，在大明宮（註2）正式登基，大赦天下，滿城喜氣洋洋。

整座長安城有如不夜城，許多人在酒肆裡徹夜飲酒，迎接一個新的時代來臨；而在窮鄉僻壤的鞏縣，一個被喚為杜甫的男嬰誕生後，喜孜孜地呼吸著大唐帝國凜冽的金色空氣。他張大眼睛環顧著四周低矮的屋舍，眼見家徒四壁的景象，卻註定了他必須沒有選擇地過著貧瘠的生活，忍不住又放聲哭了起來。

兩個出生於不同家庭，擁有不同八字的男子，日後都成為唐朝的名人，也分別見證了那段歲月的悲歡！

■

悲歡似乎從未歇止，不斷的折騰著唐朝的歲月。當唐玄宗李隆基還未掌握政權時，長安城的天空有點詭異，喧囂的氛圍中，鼓盪著一股不安的情緒，匆匆飄過的

註1：在邙山的西方，有仰韶文化遺址，說明了這個地方在多年以前就曾經有十分活躍的生命力，這裡是新石器時期黃河中游地區人類文明的一個標誌。

註2：唐朝大明宮始建於貞觀八年（西元六三四年），是唐長安城的三座主要宮殿中規模最大的一座，稱為「東內」。自唐高宗起，唐朝的帝王們大都在這裡居住和處理朝政，作為國家的統治中心，歷時達二百餘年。

風雨中彌漫著一股血腥味。

而這股腥味似乎已透露出大唐帝國即將陷入吶喊與苦痛的深淵。

唐太宗李世民的第九個兒子唐高宗李治去世了，他與武則天所生的兒子李顯（註1）繼位，也就是我們熟知的唐中宗。李顯曾經改名為李哲，他的兩位哥哥下場都不太好，李弘早夭，李賢的太子地位被廢黜，於是李顯被立為太子。在李治去世之後，李顯於弘道元年十二月十一日在一片萬歲聲中登上了帝位。

雖然夜夜周旋於嬪妃中，但李顯卻立第二任老婆韋氏（註2）為皇后，在韋氏的糾纏下，對當時擔任普州參軍（約今日縣政府科長）職位的岳父韋玄貞也破格多次提拔，除了提升為豫州刺史外，還有意提拔韋玄貞為侍中。

侍中，就是當時的宰相。這個職位類似今天的行政院院長。

許多人看著韋氏家族的急速竄起，眼睛都紅了，官員們擔心朝廷的不當措施而出現吃不下飯與睡不著的憂慮。但很少人敢公開議論，大多三緘其口而不想說太多話，擔心話說多了，可能會惹禍上身……。此時，看不過去的宰相裴炎首先表示反對的意見。在覲見李顯時，慷慨激揚地說了一連串的諫言。也讓許多人替他捏把冷汗。

「臣認為如此的升遷方式，實在不合常理，請聖上三思！」

「三思？我任命韋玄貞做宰相做侍中，有何不可？」

坐在金鑾殿上的李顯刻意撇過頭去，沒有看裴炎一眼，冷冷地說。

「不合常理啊，聖上，請三思！」

「常理？什麼是常理，我說的話就是常理。」

「聖上……」裴炎似乎還想說什麼，李顯回過頭狠狠地瞪他一眼。

「住口！不要再說了。」

註1：李顯，唐中宗李顯（西元六五六年十一月二十六日——西元七一〇年七月三日）是唐朝的第四和第六位皇帝，兩次在位。但是他昏庸無能，親小人遠賢臣，也無法控制宗室、權臣與皇后之間的爭鬥，是一位評價中下的中國歷史人物。

註2：韋氏，京兆萬年（今陝西長安）人，唐中宗之妻。弘道元年（西元六八三年）中宗即位，次年，立韋氏為皇后。同年，中宗被武則天廢黜後，遷於房州（今湖北房縣），韋氏隨行。韋后後來毒死中宗（此事真實性有爭議），陰謀奪權，在當時朝中形成一個以韋氏為首的武、韋專政集團。後唐玄宗李隆基聯合太平公主發動唐隆兵變，殺韋皇后、安樂公主及諸韋子弟等人，迫少帝退位，立李隆基之父李旦為帝，即唐睿宗。

裴炎的心揪了一下，低頭稱罪。

退朝後，裴炎把整件事情轉告了李顯的母后武則天。

武太后聽了以後大為生氣，在宮女扶持下本想直接找李顯興師問罪，但裴炎認為此舉不妥而將她勸阻下來。於是，怒氣未消的武太后下了一道懿旨，直接廢了李顯的皇位，貶為盧陵王，並立即逐出皇宮，另立第四個兒子李旦為皇帝。

至於紅極一時的韋玄貞則被流放至欽州，不久就過世了。

武太后是冷酷無情的，對親生的兒子也絕不容情，她所生的兒子依序為弘、賢、顯、旦，只要不合她意，連命也保不住，更遑論與她毫無血緣關係之人。

舉例來說，遭到武則天毒手殺害的善良李弘，便是唐高宗第五子，也是武則天的長子。在高宗巡幸東都時，曾讓太子李弘留守京師。當時遇上大旱，關中鬧起饑荒，於是，李弘巡視士兵的糧食，發現有吃榆皮、蓬實的，就私下賜給他們米糧。他還進諫「家中有士兵逃亡者，家屬不用再受連坐之罪」，高宗也同意了這個請求。

不過善良卻無法護佑他逃過武后的毒手，最終他猝死於合璧宮，之後李治的第六個兒子，也就是武則天的次子李賢則被立為皇太子。

讀書過目不忘的李賢，從小就獲得寵愛，出生不久便被封為潞王，兩歲時就封為岐州刺史、雍州牧、幽州都督。李賢學識不錯，他所完成的《後漢書》注解，至今仍受到世人所重視。有一天，深得武太后信賴的術士明崇儼被強盜殺害，武后懷疑是李賢下的毒手，於是，把李賢廢為庶人，將他幽禁並遷徙至巴州，最終逼他自殺。

殷鑑不遠，武太后的第三個兒子李顯很瞭解母親武則天的極端性格，知道求情也沒有用，便只能默默承受既定的事實。然而，晴天霹靂的打擊，的確讓曾經高高在上的李顯因瞬間跌落而感到一陣眩暈，雖然對裴炎恨得牙癢癢的，但面對武太后的掌權卻一籌莫展！

「這個斐炎，看我如何收拾他。」失意的李顯發出了低沉的怒吼。被趕出大明宮後，李顯失去了宮女的陪伴，臉上的表情顯得寂寞多了。

「噓！小聲點，什麼時候了，你還說這種話？我們要學習忍耐，能忍下這口怨氣，才有機會報仇！」才當了幾個月皇帝的李顯被廢後，放逐到房州，韋皇后也被取消皇后名號，追隨著李顯到房州生活，李顯心中雖懷有怨恨，也只能聽從韋皇后的建言，忍下了所有的怨氣。這對夫婦在房州的日子是不好過的，一家人整日生活在恐懼之中，深怕武太后會像殺掉大哥李弘與二哥李賢那樣的無情與冷酷，對他下手。李顯臉上的笑容消失了，憂容滿面的歲月，讓他聽到馬蹄的聲響就亂了方寸。

失眠，似乎成為他心中永遠的痛。

雨綿綿，無聲無息落下。

望著窗外若有所思的李顯想起了仍然清晰明朗的往事時，想起了兩位哥哥，便有一股冷意沿著背脊往腦門衝上來，不自覺地打了個寒顫。李顯擔心從長安傳來賜死的聖旨，也擔心刺客匆匆而來。

每當聽說有京城的使者到來時，李顯總是驚恐萬分，因為他害怕使者是奉武太后之令來殺他的。所以，每當使者還沒到的一兩天前，李顯就常會消極地想：與其死在那些人的手下，不如自殺算了。手握長劍的李顯，多次有輕生的衝動。

「你殺了我吧，過著這種生不如死的日子，苦啊！」在李顯這段驚心動魄的放逐生涯裡，韋皇后總是在一旁安慰他，或多或少也使得李顯把生死看淡了許多。

世事難料這句就在李顯的身上獲得了印證。

李顯仰天長笑，笑聲中散發出幾許陰寒的殺氣。

■

時勢的轉變，常讓人摸不著頭緒。

武則天突然回心轉意了！她重召李顯回長安，立為皇嗣；而在外流浪多年的李顯，則想藉著這個機會，開始著手布局自己的權勢與王朝。為了免於當年的恐懼，在西元七〇五年二月二十二日，聯合宰相張柬之、侍郎崔玄暐、左羽林將軍敬仲曄、右羽林將軍桓彥範、司刑少卿袁恕己等五人以禁軍發動兵變，史稱「神龍革命」。武則天在禁軍包圍之下，被迫下詔禪讓帝位給李顯。李顯復辟，同年三月三日，恢復唐朝國號，再度當上了皇帝。在「吾皇萬歲萬萬歲」的呼聲中，李顯笑得更開心了。

之前隨李顯被放逐的韋后，對於那段身心交瘁的苦難日子，一直耿耿於懷，二度成為皇后後，為了抓住皇宮的掌控權，不希望成為別人手中的一枚可以任意擺佈的棋子，於是，與女兒安樂公主悄悄介入了政治。

安樂公主是李顯的最小的么女李裹兒。裹兒之名，是有來歷的。當時，武太后貶黜李顯至房陵時，她悄悄來到了人世間，難熬的苦難歲月，李顯還脫下自己的衣服來包住她，為了不要忘記這段苦日子，特別將她命名為裹兒。

此時，被權力慾望沖昏頭的韋皇后想進一步掌控權力，想效仿武太后當上女皇帝，但李顯卻橫在面前，成為她權力與慾望的絆腳石。母女倆想利用太監之手除掉李顯，卻怕太監露了口風而惹來殺身之禍，計謀在心中盤旋了幾個月之後，決定親自下手。

韋后與女兒安樂公主合夥，把磨成粉末狀的毒藥塞進了餅，親自送給李顯享用。李顯沒想到這對母女會想要了他的命，也不疑有他，一塊接一塊地吃了很多餅，搭配一杯熱茶的催化下，苦命的李顯從此笑不出來了。

李顯過世了。

為了掩人耳目，韋后還刻意抓了幾個太監審問，殺了一些毫不相干的婢女。

韋后除了生育女兒安樂公主外，也曾經生了一個兒子，但早年被武則天所殺。所以，當李顯死後，韋后沒有親生兒子繼承皇位，就立了李顯與宮女所生，當時僅十六歲的溫王李重茂繼承皇位。韋后升格為皇太后，依照武太后留下的慣例臨朝，韋后大權獨攬，李重茂只是一個傀儡而已，這段時間也就是歷史上著名的「韋后之亂」。

韋太后如此作為，引起了當時的臨淄王李隆基（註）與武太后的女兒太平公主的不滿，二人就暗中聯絡皇宮禁衛軍發動政變。

當時的皇宮禁衛軍統帥韋播雖然是韋太后的親信，但禁衛軍多數將領與士兵們都不服這位空降的統帥，於是，在李隆基派人遊說下，多數人都願意協助李隆基政變。

註：唐玄宗李隆基（西元六八五年九月八日——七六二年五月三日），是唐朝在位最久的皇帝，是唐睿宗第三子，又因其諡號為「至道大聖大明孝皇帝」，故亦稱為唐明皇。李隆基深受祖母武則天的寵愛，先被封為楚王，後改封為臨淄王。而李顯則為其伯父之血緣關係。玄宗在位四十四年間，前三十年開元之治是唐朝的極盛之世，在位後期由於怠政加上政策失誤和重用安祿山等佞臣，導致了後來長達八年的安史之亂，為唐朝中衰埋下伏筆。

李隆基當下像吃了一顆定心丸。嘴角微微浮出了詭異而陰森的笑容。

天還未亮，韋太后垂簾聽政十八天了。

大明宮的天空滿佈著肅殺之氣，全副武裝的李隆基露出果斷的眼神，環視著埋伏於玄武門外的一隊持刀士兵。當宮門被士兵們以刀斧費力地鑿開後，李隆基立即揮動著手中閃著寒光的長劍，率領騎兵如閃電般殺進禁軍羽林營，連闖好幾道關卡，值班的軍官與士卒於睡眼惺忪中，還搞不清楚是怎麼回事，就被制伏了。

一群人衝入宮中，從一陣喧嘩聲中驚醒的韋太后，想起床探個究竟，腳剛落地，就被闖入的士兵殺了。二十六歲的安樂公主聽到如雷鳴般的騷動聲，知道大事不妙，還來不及穿上禦寒的厚袍就從後門偷偷溜了出去，卻也被堵在那裡久候的士卒活活刺死……鮮血染紅了她的白袍，不甘心就這樣死去的安樂公主只能露出兩顆眼珠，絕望地瞪著從她胸口拔出長矛的士卒。士卒慌了，丟下手中長矛拔腿就跑。

沉沉黑夜過去了。天，終於亮了。

即位不到一個月的小皇帝李重茂黯然下台，由武太后的第四個兒子李旦登基是為唐睿宗。李重茂離開長安後，遷到集州，唐睿宗派五百兵力守衛，有監視與軟禁的意味。直至李隆基登基後，李重茂被貶為房州任刺史，不久，死於房州。雖然歷史上很少人知道李重茂這號人物。但翻開唐朝的這頁歷史，卻是萬萬不能遺忘。

長安城的東方，此時才慢慢浮現了一輪朝陽。

遙遠的長安城，唐睿宗李旦繼續當皇帝，不久，讓位給他的第三個兒子李隆基，自稱為太上皇，而李隆基也為唐朝開啟了開元輝煌盛事。

當時的長安城是一個富庶繁華的大都會，市集遍佈，商業活動興盛，酒店林立。許多外國人頻頻到這裡進行買賣，也有許多文人在此逗留，希望能夠獲得賞識，整個長安城處處顯示出唐代社會蓬勃的生命力。

金碧輝煌的大明宮，是長安城三座主要宮殿中規模最大的，興建於貞觀八年。

宮城有九座城門，南面正中為丹鳳門，東西分別為望仙門和建福門；北面正中為玄武門，東西分別為銀漢門和青霄門；東面為左銀台門；西面南北分別為右銀台門和九仙門。除了丹鳳門有五個門道外，其餘各門均為一個門道。大明宮的正門丹鳳門以南，有寬一七六公尺的丹鳳門大街，以北是含元殿、宣政殿、紫宸殿、蓬萊殿、含涼殿、玄武殿等組成的南北中軸線，宮內的其他建築沿著這條軸線分佈。大明宮的正殿是含元殿，位於丹鳳門以北，是舉行重大慶典和元旦、冬至大朝會之所。含元殿正北方是宣政殿，為皇帝每月朔望臨朝聽政之所，殿前左右分別有中書省、門下省和弘文館、史館、御史台館等官署。

唐玄宗李隆基將親自為吏部新任命而即將上任的百名縣令舉行一場考試。宣政殿前禁軍士兵，威武地站在冷風中。殿內，一百名來自各地的縣令正襟危坐，臉上隱隱露出緊張的神色，雖然有人故作鎮定，裝作若無其事，但雙腳卻不聽使喚地抖了起來。一群訓練有素的宦官手中端著筆墨紙硯，步履輕盈而快速走過宮中的走廊，穿梭於宣政殿，把筆墨紙硯分發給每一位準縣令之後，沉默無語地列在一旁。不久，在「聖上駕到」與「吾皇萬歲萬萬歲」的呼喚聲中，身材高大的玄宗李隆基緩步走進了宣政殿，環顧了跪拜在足下的準縣令後，揮了揮手，示意起身。

當準縣令們起身坐定後，端坐在龍椅上的唐玄宗說話了。

「縣令的級別雖然不高，卻是國之基石，朕甚為關心！」

「聖上英明！」

「召喚各位到此琢磨琢磨，希望每個人都能盡情發揮才藝，佳作者，有重賞。」

「聖上英明！」

唐玄宗說完話後，在宦官的護衛下踏出了宣政殿。恭送唐玄宗離去的禮部官員，巡視了每位準縣令的位置，確定沒有瑕疵後，考試正式開始了。

唐朝的官僚體制也牽繫著讀書人的命運。

書生能否出人頭地，也只能筆下見真章了。

■

鞏縣，一直是個貧困偏遠的縣城。城的北邊是黃河，西邊是洛河，兩條河恰巧在此交會。於是，鞏縣城只要是下了幾天的雨就會淹水，河水老是從北面衝過來，讓生活在這裡的百姓經常聞水色變。

老城東門外二里，有幾間農舍倚著邙山山麓興建，雖無炫麗的景色，卻有一個南國水鄉似的名字——南瑤灣村。

杜甫出生時，杜家在鞏縣南瑤灣村已經居住了八十五年。貞觀年間，杜甫曾祖父杜依藝由湖北襄陽前往鞏縣擔任縣令時，舉家遷入了鞏縣，開始在這裡生活。祖父杜審言、父親杜閑至杜甫，杜家在鞏縣已經繁衍了四代，書香世家，是村子裡罕見的讀書人。

此時，冷風陣陣拂過嵩山北麓，春節的熱絡氣氛正悄然遠去，二月的天氣有點冷，邙山山頭冷霧繚繞，已經有很長的時間沒見到鳥群飛過。

熱鬧的春節氣氛仍然深濃，詩人的哭聲劃破了河南鞏縣的南瑤灣的天空。

杜閑夫婦顯得十分高興，第一胎就產下男嬰的喜悅，確實也為杜家帶來了歡喜。

滿月後，張著圓滾滾目珠的嬰兒，順著從窗櫺灑落的陽光望向窗外的蒼穹。陽光雖然微弱，但還是顯得有些刺眼，但窗外新鮮的事物卻讓這位剛出生不久的孩子清楚地知道，自己屬於這裡的每一吋的記憶，都將記錄著他的吶喊與憂鬱。

呱呱落地後的杜甫在偏遠的山區裡，透過一雙滑溜溜的眼珠，觀望唐朝燦爛的天空；已經五個月大的他似乎已習慣了南瑤村的寧靜。

從遙遠的長安城傳來百餘位準縣令筆墨於宣紙上流暢滑動的聲音，越過了重重山岳與溪流，在邙山山麓的南瑤村裡迴盪，隱約地在杜甫的耳膜上轉著圈圈，天真無邪的男嬰望著冷風飄過的蒼穹，嘴角緩緩浮起的一陣笑容。

也許他已經知道，筆墨紙硯的生活將會是他一生中最親密的夥伴。

杜甫笑了起來。

而那抹沒有憂鬱的笑容，似乎非常短暫，短暫的從此將不再出現！

放歌縱酒話盛唐
詩聖杜甫的鎏金歲月

卷二 洛陽初啼

兩個黃鸝鳴翠柳，一行白鷺上青天。
窗含西嶺千秋雪，門泊東吳萬里船。

杜甫《絕句》

連續下了幾天的雨，陰霾的天氣讓許多人的心情開朗不起來。南瑤灣一片泥濘，牲畜往來的步履蹣跚了許多。

此時，杜甫的父親杜閑擔任兗州司馬、奉天縣令，踏過一片泥濘，步履蹣跚地回到南瑤灣，身子有點累了，臉上滿佈風霜。

杜閑曾經於李旦為太子時，擔任侍讀，後與擔任過著作佐郎、袁州刺史的崔融之女海棠結婚，夫妻感情濃密。出生書香世家的海棠，對杜甫的教育十分重視，經常陪他一起朗讀詩文。

在搖籃裡搖晃著春秋大夢的杜甫，七歲開始就學會作詩，在母親的教導下，寫了許多詩篇，在他稚弱的心目中，希望有朝一日可以透過詩賦來養活母親。然而，一向身體羸弱的母親在病床上聽了杜甫新的詩作後，嘴角拉出絲絲笑容，卻從此再也沒有自床上爬起來過，不久就過世了。

遠方，子規鳥悽涼地啼叫著。

母親過世了，杜甫在南瑤村哭了好幾回。杜閑臉上的憂鬱也密了起來。杜閑與杜甫父子兩人抱頭痛哭之餘，也只能擦拭淚水，將母親埋葬後，繼續面對明天的生活。之後，杜閑續娶了盧氏，為杜甫的繼母。杜甫的四個弟弟一個妹妹，都是繼母所生，彼此的感情相處得還算融洽。杜閑心想孩子還小，怎麼辦呢？背著手在客廳來回走動，眉宇深鎖，遠遠望去，如兩條老蠶橫臥於額頭上。他思索著如何照料這個小孩時，腦海裡忽然想起了在洛陽的妹妹，她也有一個與杜甫一般大的小孩。於是，杜閑寫了封信給杜甫在洛陽的二姑媽，心中表明了自己在外當官，實在挪不出多餘的時間照顧杜甫，也為了讓杜甫能遠離傷心地，經過一番的盤算之後，希望能暫時寄居在二姑媽家。

信，很快獲得了回音。於是，杜閑帶著杜甫離開南瑤灣，前往洛陽建春門內仁風里二姑媽家。鞏縣離洛陽約五十四公里，騎腳程快一點的驢子，繞著崎嶇不平的山路徐行，也要一天的時間，年幼的杜甫在父親的陪伴下，歷盡了千辛萬苦的跋涉，緩步走向洛陽。

洛陽，是唐朝的東都。是一個讓杜甫日後無法忘懷的地方。此地位處洛水之北，水之北乃謂陽，稱之為洛陽，這裡是東周王朝的國都，當時全國的政治、經濟和文化中心，農業、手工業、商業都相當發達。隋煬帝楊廣遷都洛陽，在洛陽故城西十八里大興土木，又開鑿了南北大運河，使得洛陽成為當時水陸交通的樞紐。武太后改唐為周（註），將洛陽定為周都，可說是洛陽在歷史上的鼎盛時期。

長年居住於洛陽的二姑媽生活還算過得去，雖然也有一個與杜甫年紀相近的孩子要扶養，但她沒有私心，任何東西都會準備兩份，只要她的兒子有的，杜甫也會有，絕不遺漏；如果只有一份時，這一份經常會留給杜甫。

村子裡的人看到了二姑媽對待杜甫如自己孩子般的細心，感動得直誇她是古代「列女傳」裡的義姑。然而，二姑媽總是笑了笑，低聲說：「都是家人嘛，應該的，何況他的親生母親已過世了，更需要好好照顧他。」

■

在二姑媽的細心照料下，杜甫慢慢長大了。

二姑媽是位賢慧的女人，把杜甫當作自己的兒子一樣來扶養，使得年幼失去母愛的杜甫，不再感受到那麼強烈的喪母之痛。興致來時，還經常會爬上屋舍旁的那棵棗子樹上摘一些熟透了的棗子吃，日子過得還算如意，每天除了練習寫詩之外，也開始練習書法、騎馬與揮舞竹劍。

竹劍握在杜甫手中，在屋外的廣場舞動，發出呼呼呼的聲響，從很遠很遠的地方就可以聽到；累了，喘了，他就擱下劍，坐在棗子樹下休息。

有一天，杜甫從私塾回家，把自己寫的詩——《詠鳳凰》（今已失傳）拿給二姑媽看，二姑媽朗讀了一遍後，不自覺嚇了一跳，熱淚不聽使喚地在眼眶中打轉。

「孩子，你長大了，已經可以寫出一手好詩了。」

「改了好幾回。」

「繼續寫，有一天你會成為大詩人的！」

「像爺爺一樣？」

「沒錯，像爺爺一樣！」

二姑媽的嘴角於風中拉出了笑容。

杜甫這首《詠鳳凰》的詩不久就傳了開來，聞訊而來的村民們紛紛湧入二姑媽

註：武周（西元六九〇年—西元七〇五年），是武則天建立的王朝，史稱武周。武則天是中國歷史上唯一獲普遍承認的女皇帝，前後掌權四十多年。武則天是該朝代唯一的皇帝。

家欣賞杜甫的詩，或瞧一瞧這位被譽為「神童」的小孩、或摸摸他的頭；當他們看見杜甫氣宇非凡的長相，眼睛不免為之一亮，而再讀了他的詩後，幾乎每個人都認為這個孩子將來一定會有出息。

村子裡相同年紀的孩童，他們多少也會練習寫詩，不過他們吟詠的動物通常都是日常生活中常見的雞、鴨、鵝或過境的候鳥，幾乎沒有人會以鳳凰為吟詠的對象，甚至沒有幾個人知道鳳凰是什麼。

雖然沒有人見過，但杜甫心目中卻對鳳凰深信不疑。

「誰也沒見過鳳凰，這孩子卻可以寫出如此生動的詩句，不簡單！」對於村民們的喝采，靦腆的杜甫笑了笑。在二姑媽的教導下，他也更用心識字寫字，經常以自己是晉朝名將杜預（註）的第十三代子孫為榮。

杜甫是個早熟的孩子。每次從二姑媽口中聽了關於杜預的事蹟後，眼睛都會亮起來。

這天，吃過午飯後，杜甫練完了大字，坐在書桌旁打起盹來。二姑媽怕他著涼，悄悄靠了過來，脫下身上的衣服正想披在他身上，卻把他驚醒了。

「嚇著你了？」二姑媽笑了笑。

「沒有，我在思索一個問題！」

「有心事嗎？說給姑媽聽！」

「晉朝離我們多遠？」杜甫微微抬起頭，看了二姑媽一眼。

「啊？晉朝……應該四百多年吧！」

二姑媽被突如其來的問題嚇到了，張大眼睛看著杜甫。

「四百多年是多久？」

「很久很久，一年有三百六十五天，十年三千六百五十天，一百年三萬六千五百天，四百年就是………」

杜甫似懂非懂的點了點頭，低頭扳了幾下自己的指頭。

「二姑媽，我來洛陽有多久的日子了？」

「二姑媽想想看，應該快三年了吧，過了年，你就十歲了！」

註：學者出身的杜預博學多才，不擅長於武功，卻能帶兵打贏一場場關鍵性的戰爭，令人刮目相看。杜預深諳用兵之道，智謀淵博，擅長洞識亂象，常能出奇制勝。

「我知道了！」

「你知道什麼？」

「我知道四百多年有多長了，如果三年是一根指頭的話，四百年就有那麼長！」

杜甫天真的攤開手，伸長了手臂。

二姑媽看在眼裡，不自覺地笑了起來。

杜甫希望自己將來也有機會當官，可以跟杜預一樣，為國家做點事盡點力。

■

除了晉朝的祖先杜預之外，祖父杜審言的才華也讓年少時的杜甫欽慕不已。

杜審言曾經擔任膳部員外郎（專管膳食的長官之一），在武則天掌政時期，是一位知名的詩人，當時與李嶠、崔融、蘇味道曾被譽為「文章四友」（註）之一。文章四友之中，崔融就是杜甫的外祖父，而杜甫的父親杜閑就是娶了崔融的女兒海棠，結為兒女親家。當時的崔家是名門中的名門，代代都與皇室通婚，唐朝皇室的公主一代一代都嫁到崔家——崔家的兒子娶公主——這是當時的熱門話題，杜家也因此和皇室牽上了一點邊。

不過也就因為仗著這麼一丁點的皇室姻緣，才華橫溢的杜審言有些恃才傲物，經常看不起周圍的文人，因此也得罪了一些人。他曾經寫過一本選集，將時人的詩集結起來批評了一番；很多人勸他三思，但他卻聽不進去，堅持讓這本選集面世。

「我這本選集如果出來啊，很多人就會死掉！」

「為什麼會死掉？」

「他們會羞死！」

「羞死？」許多人對他的行為都不敢苟同，甚至迴避他。

即便如此，他的文章還是受到當時的人所稱頌，並不因他那與人格格不入的個性而有所減少。

例如有一次，杜審言在大明宮德麟殿參加宴會之後，喝了點酒，一時詩性大起

註：在初唐詩壇上，有四個人被時人稱為「文章四友」，他們是：崔融、李嶠、蘇味道、杜審言。四人的作品風格較接近，內容不外歌功頌德、宮苑遊宴。但在他們的其他一些作品中，卻有時透露了詩歌變革的消息，有的還對詩歌體制的建設作出了積極的貢獻。從高宗後期起，即以詩文為友，「文章四友」因此得名。四人中，以杜審言成就最高。

而隨手寫下一首詩，在場的人看了之後，都對這首信手拈來的詩，給予極高的評價，至今仍為人所津津樂道。

北斗掛城邊，南山倚殿前。雲標金闕迥，樹杪玉堂懸。
半嶺通佳氣，中峰繞瑞煙。小臣持獻壽，長此戴堯天。
杜審言《蓬萊三殿侍宴奉敕詠終南山》

杜審言的詩多為寫景、唱和及應制之作，以渾厚見長，被後人評論為中國五言律詩的奠基人。他的詩如此細訴著：

獨有宦遊人，偏驚物候新。雲霞出海曙，梅柳渡江春。
淑氣催黃鳥，晴光照綠蘋。忽聞歌古調，歸思欲沾巾。
杜審言《和晉陵陸丞早春遊望》

唯有外出作官的人，才會對時令的改變如此敏感：太陽從東海冉冉升起，映紅滿天雲霞；梅花柳葉渡江而至，送來欣欣向榮的春天。溫暖的氣候催促著黃鶯婉轉的鳴叫；明媚的春光讓浮萍由淺變成深綠，忽然聽到你高雅古樸的詩作，使我歸家的思緒泛起，眼淚就要沾滿衣裳。

杜審言這首五律《和晉陵陸丞早春遊望》，被讚許為初唐五律第一。

第一？

那又如何？也只是假象，並沒有為他的後代子孫帶來些許榮華富貴。

■

杜審言有一個小兒子杜并——杜閑的弟弟，杜甫的叔叔。

這個人十六歲就死了。

人雖然死了，關於他的故事卻一直在南瑤村杜家庄迴盪著。

這件往事必須從杜審言進士及第後說起。恃才傲物的杜審言進士及第後，被派為隰城尉，之後轉任洛陽丞，不久，一度捲入政爭風暴，因受牽連而被貶為參軍，當他前往江西去作司戶參軍的時候，十五歲的杜并就跟在他的身邊。

到了江西，杜審言憔悴了。

每次想到自己的懷才不遇，高傲自負的杜審言心情就悶悶不樂，開始怨天尤人，與同事發生了一些衝突，也經常頂撞司戶郭若訥，還有他們的上司——司馬周季重。

當時的郭若訥視杜審言為眼中釘肉中刺，在周季重面前誣告杜審言。而周季重早就對杜審言狂妄的行為不甚滿意，於是，兩人合夥編造了一個莫須有的罪名，將杜審言拿下，關進了監牢。

杜并雖然只有十五歲，但獲知父親出事的消息後，心情十分難過，也萬分著急，小小的心靈竟竄出冒死報仇的火花，於是，每天悄悄打探司馬府的動靜，希望有機會下手，救出父親。

一天中午，司馬周季重在府內大擺宴席，非常熱絡。

人來人往之際，沒有人發現一個瘦弱的小孩已神不知鬼不覺地潛入了司馬府。

當坐在首席上的周季重正滿臉堆笑地與眾賓客推杯換盞時，躲藏在角落裡的杜并乘其不備，突然自陰暗的角落一躍而出，從袖中抽出預藏的匕首，如餓虎撲羊般，撲向周季重，拿起手中的匕首亂刺一番。

「刺客！有刺客！」受傷的周季重驚叫不已。

宴席上的賓客頓時大亂，此時，肅守於大廳外的兵丁迅速衝了進來，將杜并團團圍住，杜并知道難逃一死，側頭看了一眼倒在血泊中的周季重，嘴角浮出了一抹笑容後，舉起刀想自裁，可是圍著他的那群兵丁比杜并更早了一步，你一刀我一刀的砍向杜并，在亂刀中將杜并砍死於宴席邊。宴席上的賓客哄然而散。

周季重受了重傷，沒多久就去世了。臨死前，他非常懊悔地說：「我不知道杜審言有孝子，若訥沒有告訴我。」

血腥事件發生後，杜審言被撤銷一切職務，回到都城洛陽。三年後，杜審言收拾杜并的遺骸，將他埋葬於洛陽建春門東五里，還親自寫了一篇祭文哀悼杜并，淚流滿面之餘，也顯現他們之間深厚的親情。

武太后得知此事後，特別召見了杜審言，因為非常欣賞他的詩文，於是授與新的職位——著作佐郎，官至膳部員外郎。直到後來他捲入了張易之、張昌宗兄弟案，才結束了這段風光歲月。

■

在武太后掌政時期，張易之、張昌宗兄弟貌美且善於音樂詞律。張昌宗經太平公主推薦入禁侍奉武太后，隨後，也推薦了自己的哥哥張易之，二人一起得到武太后的寵愛。武太后晚期的朝政大事多由張氏兄弟把持，他們曾為穩固武則天政權而濫殺無辜，甚至戮及宗室。

當時，太子李顯的兒子李重潤、女兒李仙蕙和女婿武延基在一次聚會中，私下議論了張氏兄弟的行為，張易之從宦官那聽到消息後，向武太后告狀，希望太后能為他主持公道，最後，武太后竟然逼李顯處死這三個人。

李顯含著淚水，執行了武太后的旨意，哽咽得說不出話來。

四年後，張柬之、崔玄暐等大臣偕同左羽林將軍敬暉、右羽林將軍桓彥范和司刑少卿袁恕己，趁武則天生病之機，發動宮廷政變（神龍政變），追捕武則天的親信張易之、張昌宗兄弟，迎皇太子李顯復位，武則天看大勢已去，便在正月初三日讓位給李顯。不久，李顯恢復了唐的國號，一切禮儀制度也都恢復到高宗永淳年間的老樣。而失勢的張氏兄弟慌張逃入了迎仙院，但最終仍是逃不過這場災厄而被誅殺，屍體被懸於天津橋南公開梟首，許多人擊掌叫好，但卻有一批人黯然落淚。

杜審言正是落淚的人。他被以勾結張易之兄弟的罪名流放到峰州，亦即今越南富壽省東南部和河西省西北部。

離開長安時，他的臉上沒有笑容，然後在六十二歲那年，撒手人間。

杜審言留下的故事，讓他的孫子杜甫，以漂泊的心情痛苦的聆聽著……

卷三　功名落在孫山外

三月三日天氣新，長安水邊多麗人。
態濃意遠淑且真，肌理細膩骨肉勻。
繡羅衣裳照暮春，蹙金孔雀銀麒麟。

杜甫《麗人行》

洛陽是人文薈萃的都市，也是豪官富賈勾心鬥角的地方。

洛陽地勢西高東低，境內山川丘陵交錯，地形複雜多樣，周圍有郁山、邙山、青要山、荊紫山、周山、樱山、龍門山、香山、萬安山、首陽山、嵩山等多座山脈。境內河渠密布，分屬黃河、淮河、長江三大水系，黃河、洛河、伊河、清河、磁河、鐵灤河、澗河、瀍河等十餘條河流蜿蜒其間，有「四面環山、六水併流、八關都邑、十省通衢」之稱。

雖然長安一直是全國的政治經濟中心，但因糧食漕運至關中日趨不便，每遇大旱時，皇帝就率領百官后妃移駕至洛陽辦公，因此政治中心遂逐漸移轉至洛陽，繁華盛況更是不亞於長安。

為了延續杜家幾代相傳的功名，在親友的鼓勵下，杜甫長大之後，便開始遊遍全國各地，結交認識不少在當時已富盛名的文人。在遊遍江南後，杜甫已是二十四歲了，他心裡也決定將參加進士考試，便從江南搭船回到了洛陽。

在杜甫的心中，進士考試不算什麼，因為早在此時，他的詩作已經斐然於詩壇之中。

岱宗夫如何？齊魯青未了。
造化鍾神秀，陰陽割昏曉。
盪胸生層雲，決眥入歸鳥。
會當凌絕頂，一覽眾山小。

杜甫《望岳》

泰山啊，你到底有多麼壯麗？蒼翠挺拔之姿，在齊魯境內都能看到。造物主把神奇秀美聚集於你的一身，峻嶺南北判然分出一昏一曉。雲氣層層翻滾，心胸隨之激盪，為了觀看歸巢之鳥，眼角都快裂開了。有朝一日，我要登上你的絕頂，把周圍矮小的群山們，一覽無遺！

當杜甫沾沾自喜於《望岳》的詩名時，洛陽已經開始轉涼了，許多從南、北方湧入洛陽城的考生，聚集於酒肆談論文學，也趁著難得的機會欣賞無數牡丹爭芳鬥豔的奇麗景象。

白露（註1）之後，科舉考試已經結束了，許多讀書人仍然在洛陽城裡等候放榜。洛陽城的酒店與客棧幾乎都客滿了，書生們除了閒話家常外，也會交換詩文朗讀，每個人都認為自己的詩文最佳，一定可以金榜題名。杜甫也如是想。

等待放榜的杜甫，心情顯得輕鬆。

他想起了四年前，外號「詩佛」的王維考上狀元的盛事，嘴角微微浮出笑容。他特地在酒肆裡，選擇了一個靠窗的位置，一邊喝著酒，一邊吟詠起王維那首婦孺都可以琅琅上口的《相思》。

紅豆生南國，春來發幾枝；
願君多采擷，此物最相思。

王維《相思》

對於王維的官運，他有一點點羨慕，希望今年自己也能金榜題名……

正當杜甫沉醉於紅豆與相思的詩句時，科舉放榜了。這一年，有三千多名學生參加應試，只錄取二十七名進士，錄取率不到百分之一，狀元郎是以《早朝大明宮》闖開知名度的賈至（註2）。

銀燭朝天紫陌長，禁城春色曉蒼蒼。千條弱柳垂青瑣，百囀流鶯繞建章。
劍珮聲隨玉墀步，衣冠身惹御爐香。共沐恩波鳳池上，朝朝染翰侍君王。

賈至《早朝大明宮》

主考官考功員外郎孫逖並沒有看上杜甫的詩文，杜甫落榜了。孫逖，這一個讓杜甫必須面對挫折的讀書人！

他的身分可特殊了。他曾經受吏部尚書崔日用推薦，讓愛才的唐玄宗李隆基親

註1：白露，每年的九月七日或八日，為二十四節氣之一。白露是氣溫漸涼，夜來草木上可見到白色露水的意思。

註2：賈至，唐代詩人。早年為校書郎，後任中書舍人。安史之亂爆發，隨玄宗幸蜀，撰傳位冊文，「歷歷如西漢時文」，唐玄宗讚嘆「兩朝盛典出卿家父子手，可謂繼美。」

自至洛陽城門接見，並特令戶部郎中測試他的文才。之後，任命為左拾遺，一路晉升為中書舍人。中書舍人的官職僅次於侍郎，掌管呈進章奏、撰作詔誥、委任出使之事。

想起唐玄宗李隆基對他的禮遇，杜甫只能露出莫可奈何的笑容！

冷風中，杜甫站在榜單前，露出圓滾滾的雙眼，在一排以毛筆正楷書寫整齊的名字中，找尋自己的名字，來回搜尋了五、六遍，確定沒有上榜後，才低著頭自看榜的人群中退出，一個人在洛陽城裡遊蕩。想找幾個朋友喝酒，但陌生的洛陽，能找誰喝酒解愁？他有點手足無措的漫步在街頭。

「怎麼會這樣？」找了一家酒店，杜甫喝起了悶酒。

「是不是我在考試前沒有找人公開推舉，所以，落榜了？」

幾碗酒入喉，身子有點暖活了。杜甫看到酒店內一些落榜的考生圍在一起瘋狂地喝著酒，於是，端了碗酒緩步走過去。

「鞏縣杜子美，敬各位兄臺一杯！」

「杜子美，杜甫？」

「在下就是杜甫。」

「久仰大名，幸會！乾！」一群讀書人在酒店裡瘋狂起來。

「子美兄，只有你一個人？」

「一個人！」杜甫回答。

「同是天涯淪落人，過來湊和湊和，一起喝酒吧！」

杜甫笑了笑，繞回酒店的角落，把酒取了過來，順便交代掌櫃的多準備幾樣下酒小菜後，與這群素昧平生的讀書人喝起了酒，甚至豪邁地振臂喊起了酒拳。

酒店非常熱鬧，買醉的書生特別多。

「你剛剛說你什麼來的？」一位略帶酒意的讀書人問。

「鞏縣杜子美！」

「對！杜子美，我讀過你的詩！」

「你讀過我的詩文？」

「會當凌絕頂，一覽眾山小。」

「哈哈哈哈……」

「你的詩寫得那麼好，為什麼沒有上榜？」

「別問他了，他怎麼會知道，只有主考官一個人最清楚了！」

「聽說凡是應進士舉的人，會將自己的作品送給朝廷中有文學聲望的人看，希望通過他們宣揚自己的名譽，甚至推薦給主考官，有沒有這回事？」

「沒錯！可是，誰會理我們這些無名之輩呢？」

「別提了，喝酒喝酒！」

一群人開始起鬨，找杜甫乾杯，杜甫來者不拒，喝得有點茫茫然的。人群散去時，天色漸暗，遠方的街道上，仍然有一群人騎著馬四處奔走通報金榜的喜訊，整個洛陽城籠罩在幾家歡樂幾家愁的氛圍中。

杜甫倚著酒店的欄杆往外望，冷風撲面，吹醒了幾許酒意。

「客官，你沒事吧？」店小二靠了過來，關切他。

「沒事，沒事！」

杜甫揮了揮手，對著洛陽的天空發出了一聲長嘆後，緩步走出酒樓。

在家等候的二姑媽倚門等了很久，未見到杜甫的身影，也沒見到報喜的人，心裡已經有了數。

「這孩子會去哪裡？」二姑媽焦慮地倚門探望，或來回踱步，卻沒見到杜甫的身影，不自覺露出焦慮的神情。正當她準備到城裡去探個究竟時，發現一個熟悉的身影正從遠方緩緩走過來。

「子美，子美！」二姑媽朝著杜甫被拉長的影子跑了過去。

若有所失的杜甫忽然停下腳步，臉上勉強擠出了一絲笑容。

落日把他的身影拉得細細長長的，也把他的心事拉長了……

■

唐朝的科考，採用的是考試與推薦相結合的錄取制度。

試卷的優劣只是考評的其中一面而已，主考官也會考慮到舉薦者的人情和面子。於是，應試舉人為了增加及第的機會，經常將自己的詩文透過巧妙的編輯，書寫成卷軸，在考試前找關係呈送給社會上有地位的人，以求推薦，而這種行為就是當時甚為流行的「行卷」。行卷，是合法的。

如詩人白居易，他在杜甫死後二年出生，官至左拾遺及贊善大夫。由於他的祖父白湟，當過縣令，父親白季庚官至徐州別駕（即刺史），大哥白幼文和叔父白季康也都是當官的。因此，白居易的行卷，比一般寒門出身的書生要來得更引人矚目。

離離原上草，一歲一枯榮。野火燒不盡，春風吹又生。
遠芳侵古道，晴翠接荒城。又送王孫去，萋萋滿別情。

白居易《賦得古原草送別》

十六歲的白居易，寫下了這首應考詩的習作後，並從江南進入長安城求官。透過父親的引薦，找到並獲得了當時的京都名士顧況的高度讚揚稱許，白居易幾乎是一夜成名於盛唐詩壇，幾乎整個長安城的讀書人都知道《賦得古原草送別》這首詩，甚至還有人透過許多管道抄來閱讀與討論，也因為如此，為他日後考中進士提供了很大的幫助。

■

落榜之後的杜甫，仍然過著隨心所欲且自由散漫的生活。在洛陽休息了一年之後，杜甫又懷念起當年漫遊江南時遇到的美好事物，於是，與二姑媽商量後，決定再次出遊。

二姑媽沒有反對，只說：「你已經長大了，很多事情可以自己決定了，只要是不違背善良的事，你決定怎麼做，就去做吧！」

「我想去山東一帶走走。」

「也好，到山東時，別忘了到兗州看看你爹，他在那裡擔任司馬。可能是因為工作比較忙，已經很久沒有和我書信聯絡了，請幫我問候他！」

杜甫點了點頭，昔日考場落敗的憂鬱神情已不見了，眼神中浮現出躺在大唐疆域裡的山河，也浮現了那段煮酒論詩「裘馬輕狂」的漫遊生活。

杜甫的眼眸閃著亮光。

這道眸光穿透了大唐社稷，也穿透了人生的悲與歡。

卷四　斯人獨憔悴

浮雲終日行，遊子久不至。
三夜頻夢君，情親見君意。
告歸常局促，苦道來不易。
江湖多風波，舟楫恐失墜。
出門搔白首，若負平生志。
冠蓋滿京華，斯人獨憔悴。
孰云網恢恢？將老身反累！
千秋萬歲名，寂寞身後事。

杜甫《夢李白》（其二）

三月，春寒料峭。

距離洛陽科舉考試後，不知不覺已經過了九年，對杜甫來說，這九年來似乎沒有太多煩憂的事。結束了在江蘇與浙江一帶漫遊賦詩的日子後，在父親杜閑的湊合下，年輕的杜甫娶了司農少卿楊怡第五個女兒楊氏，過著甜蜜恩愛的婚姻生活。

婚姻還正熱著呢，習慣遊山玩水的杜甫又出了遠門。杜甫的夫人雖然萬般不捨與無奈，卻又無法阻止他的遠行，只能含著幽幽的淚水，為杜甫餞行。

杜甫如一隻翱翔於天際的鳩，繼續在山東與山西一帶漫遊，寫了許多詩，也結交了不少朋友。路過華陰時，順道前往嚴武（註1）的家中，除了向嚴武的母親請安，也與年少輕狂的嚴武煮酒論詩。嚴武雖然羨慕杜甫的漫遊生活，但對杜甫因名落孫山外而不再積極於科舉考試也有話說。

「子美兄，漫遊非長久之策，應以功名為要！」

「不急不急！為了美麗山河，功名可以緩一緩。」

正值青春的杜甫毫不在意地笑了笑，隨後便告別了嚴武，繼續漫遊。

■

天寶三年（西元七四四年），另一位天才詩人——李白四十四歲了。他對於朝廷那些逢迎拍馬的官僚生涯早已厭倦，加上受到駙馬張垍（註2）等少數人的毀謗，使得他心灰意冷，覺得繼續待在朝廷也混不出什麼名堂來，還不如趁著年輕時還有些體力，繼續到名山麗水走走，過著煮酒論詩的生活。

於是，兩位盛唐的詩人相遇了——杜甫遇上了一生中，絕大部分時間在漫遊中度過的李白。

■

李白出生於商人世家，青壯年時期的生活過得無憂無慮。他的父親李思漢在西

註1：嚴武，唐朝人，唐朝工部侍郎嚴挺之之子。唐朝將領，曾大破吐蕃，以功進檢校吏部尚書，封鄭國公。杜甫一生有不少朋友，嚴武是其中重要的一位。他們是世交，往來時間很長，都愛好做詩，酬唱較多，又曾同朝為官，相知也深。

註2：張垍，唐朝河南洛陽人。是唐玄宗的女婿，對他特別深愛恩寵，准許於他在禁中置內宅，賞賜許多珍寶奇玩，不可勝數。

域經商，是個相當成功的生意人，居住的房屋在當地是最豪華的。除了精緻風雅外，也充盈著書香的氛圍，從各地蒐羅來的書堆了一屋子，讓李白從很小的年紀就浸淫在詩文中。李白的母親月娃，是西域突厥族人，她的四位哥哥都是突厥族出名的勇士。

六歲時，李白的父親帶著妻兒遷回四川昌明縣的青蓮鄉，當地人稱他父親為李客，母親為蠻婆。父親雖然終身沒有當官，但因為經商有道，家境富裕，使得年輕時的李白還能習劍，頗有任俠之風。

二十五歲時，李白就辭親遠遊、仗劍東行，早年曾經寫過不少表白心志、胸懷天下的詩文，但都沒有受到朝廷的重視。

白以此感激，知侯推赤心於諸賢之腹中，
所以不歸他人，而願委身國士！

李白《與韓荊州書》

原意是說：李白我為此感懷於心，知道您能對賢能之士推心置腹，所以，我不歸附他人，而只願意歸附您這位出類拔萃的人物；假若有急迫危難、需要用到我的時候，我將獻出自己微賤的身軀。

這一年，李白三十四歲了（杜甫時年二十三歲），仍無功名。

當時，李白在襄陽漫遊，他寫了一封書信《與韓荊州書》，希望得到當時擔任荊州長史兼襄州刺史、山南東道採訪使的韓朝宗舉薦，由於聽聞他善於識拔人才，因此李白在信函中這麼說道——

我聽說，天下賢士都聚在一起這麼議論道：人生不用封為萬戶侯，只願能認識一下韓荊州……。讀書人經您的接見與推舉，聲名大增，所以，屈而未伸的賢士都想在您這兒獲得美名，奠定聲望……。

我是隴西平民，流落於楚漢地區。十五歲時，愛好劍術，拜見了許多地方長官；三十歲時文章有了些許成就，也拜見了很多卿相顯貴。雖然身長不滿七尺，但志氣雄壯，勝於萬人，王公大人都讚許我。這些是我往日的心事行跡，在您面前我又怎敢不坦然而言呢……？我的作品已積累成為卷軸，想請您過目，只怕這些雕蟲小技不能受到您的賞識，但若能蒙您厚愛而願意看看拙作，那麼，請給以紙墨與抄寫的人手，然後，我回去打掃書房，繕寫之後呈上……。

——李白洋洋灑灑寫了一封真情流露的書信，遺憾的是，沒有人理會他。

於是，李白只能繼續流浪，一如漂鳥。

■

唐代貢舉分「解試」和「省試」。解試包括官學考試與地方州縣的考試，一般在農曆八月舉行。參加解試的考生有兩類：生徒、鄉貢。「生徒」是指當時官學（包括國子監、弘文館、崇文館及州縣學館等）的學生；「鄉貢」是指各州縣不在官學上學的讀書士人。生徒只要在國子監的考試合格，即取得解送資格，可以參加中央禮部舉辦的省試。而鄉貢則需攜帶自己的家狀向所在地的官府報考貢舉（無須別人推薦），通過州府考試合格，才能取得解送資格，參加中央省試。

按古代舊制，有父母、祖父母亡歿未經遷葬者，不得參加科舉，否則，保舉人也將一併追究責任。

李白的祖上不是三品以上的官員，所以，他不能入國子監這類學校就讀，無法以生徒的身份出線；想當官只有走鄉貢這條路。但鄉貢也需要明確的家世背景，李白的祖父、曾祖客死他鄉，並未遷葬，李白就這麼輸在起跑點上，他也只能靠其他管道謀取官職了！

但李白的才華並沒有因此被埋沒，他比杜甫幸運多了。

不久之後，李白獲得了吳筠的賞識。

當時的翰林吳筠對於李白的詩讚譽有加，經常在聖上面前進言，而唐玄宗李隆基的妹妹玉真公主也十分欣賞他的才華，多次在玄宗面前提起李白的詩文，聽多了、聽久了，除了覺得煩之外，也對李白這個人有一點點的好奇。

之後，在詩人賀知章的引薦下，唐玄宗李隆基下詔徵李白進京。

賀知章這個人平時喜歡喝酒，喜歡結交文人；他本人的詩也寫得很好，擅長草書和隸書，是位知名的書法家。年輕時，他因為離開家鄉到長安考進士，等到辭官回鄉時，已是滿頭白髮的八十多歲老翁，家鄉的親朋好友大多已不在人世，新生代的孩子們都不認識他，甚至以為他是外地來的人。

少小離家老大回，鄉音無改鬢毛衰；
兒童相見不相識，笑問客從何處來。

賀知章《回鄉偶書》

當時賀知章雖然已八十多歲了，但仍是喜歡和文人雅士們對飲幾杯，經常帶著酒與李白共飲。在酒過三巡之後，李白拿出他的作品給賀知章看。

賀知章捧在手上輕聲朗讀：

噫吁戲，危乎高哉！蜀道之難難於上青天，蠶叢及魚鳧，開國何茫然。爾來四萬八千歲，始與秦塞通人煙。西當太白有鳥道，可以橫絕峨眉巔。地崩山催壯士死，然後天梯石棧相鉤連。上有六龍回日之高標，下有衝波逆折之迴川。黃鶴之飛尚不得過，猿猱欲度愁攀援。青泥何盤盤，百步久折縈巖巒，捫參歷井仰脅息，以手撫膺坐長歎。問君西遊何時還？畏途巉巖不可攀。但見悲鳥號古木，雄飛雌從繞林間；又聞子規啼夜月，愁空山。蜀道之難難於上青天，使人聽此凋朱顏。連峰去天不盈尺，枯松倒挂倚絕壁。飛湍瀑流爭喧豗，砯崖轉石萬壑雷。其險也如此！嗟爾遠道之人，胡為乎來哉？一夫當關，萬夫莫開；所守或匪親，化為狼與豺。朝避猛虎，夕避長蛇，磨牙吮血，殺人如麻。錦城雖云樂，不如早還家。蜀道之難難於上青天，側身西望長咨嗟！

李白《蜀道難》

讀著讀著，他的雙眼亮了起來：「一夫當關，萬夫莫開。蜀道之難，難於上青天。很久沒讀到這麼好的詩了！」賀知章一邊朗讀一邊讚嘆。

「賀大學士您過獎了！」李白謙虛地為賀知章斟酒。

「我說李白啊，你是謫仙人啊！朝廷少了你這位詩人，是損失啊！」賀知章高興之下，解下身上所佩帶的金龜，交代僕人換酒來和李白共飲。

李白笑了，嘴角拉出了滿意的笑容。

不久，唐玄宗李隆基下詔進京的消息傳到了李白那裡，李白正在飲酒，聽到了聖上召見的消息，望著灰濛濛的天空突然發出了一陣豪邁的狂笑！

■

李白一生瀟灑自在，浪漫逍遙，似乎無牽無掛。他入贅於唐高宗朝中的名相許圉師府上，與他的孫女結婚後，生下一女平陽，一男伯禽（小名明月奴）；之後，又和劉氏同居；再次與山東一婦人生下一子頗黎；最後，娶了宗氏。

李白在自己的文章中從不避諱，大大方方說自己是入贅。他在給安州裴長史的信中說：

許相公家見招，妻以孫女，便憩跡於此，至移三霜焉。

見招，就是入贅。李白對見招沒有什麼心理障礙，也不以為羞恥，因為李白從小生活在胡人中，對中原文化裡的習俗沒有那樣切身的感受，在男女婚姻關係上，李白是很開放、很現代、很平等的；而且，李白從偏遠的四川來到中原地區，舉目無親，很難升遷、發達，在李白看來，只要有機會讓他一展才華，實現他「濟蒼生、安社稷」的理想，被人招贅又有什麼關係。

活在那樣的年代，有時李白也是很靈活、很庸俗的。

唐玄宗下詔進京的消息仍揣在心頭，溫溫的。

清明過後不久，喜歡遊山玩水的李白前往山東，遊歷了有「天下名山第一」美譽的泰山，之後，他帶著子女一路南下，將家人安頓於南寧，希望如此便能無後顧之憂地專心在長安為官；但他的夫人卻放心不下，擔心李白會不習慣官場生活。

夫人為李白沏茶。

「十二郎(註)，你確定要去長安嗎？」李白的夫人眉頭不自覺深鎖。

「怎麼了？我要去當官了，妳反而放心不下？」

「十二郎，你經常喝酒，我怕你酒喝多了會誤事。」

「放心，我會少喝一點酒，這次進京也許是我這輩子唯一的機會。」

註：唐人習以排行稱人，李白在家族兄弟中排行第十二，所以又稱為「李十二」。

「你確定要去長安？」夫人擔憂地問。

「當然，機會難得。」

「如果你決定要去，就不要牽掛我們了。」

「等一切穩定之後，我會接你們到長安來。」

「爹！你要趕快來接我，我也想到京城走走。」此時，站在一旁，始終含著眼淚的李白的女兒——平兒，終於說話了。

已經四十二歲的李白彎著身子，摸了幾下平兒稚嫩的臉頰，點了點頭。想起自己即將到京城覲見聖上，李白認為是施展雄才的時機到了，不禁得意的笑了！

「仰天大笑出門去，我輩豈是蓬蒿人！」（註1）

李白回到了書房，斟了一碗酒，仰首，豪邁地倒進嘴裡。

「哈哈哈哈！」

……君不見黃河之水天上來，奔流到海不復回？君不見高堂明鏡悲白髮，朝如

青絲暮成雪？人生得意須盡歡，莫使金樽空對月。天生我材必有用，千金散盡還復來……」（註2）

狂笑中的李白相信這次的京師之行，一定能圓滿地實現他的理想，而棲息於林間太久的大鵬鳥終於要展翅飛翔了！

■

午後，長安的天空藍得令人暈眩。

位於太極宮東北方龍首塬高地上的大明宮，金碧輝煌，是一座相對獨立的城堡，可俯瞰整座長安城。宮城前部由丹鳳門、含元殿、宣政殿、紫宸殿等組成，後

註1：此句出自李白《南陵別兒童入京》，意即李白即將大笑出門而去洛陽任官，我豈是生活在草野間的平凡人。

註2：出自李白《將進酒》語譯為：你難道沒有看見，洶湧澎湃的黃河之水，有如從天上傾瀉而來？它滾滾東去，奔向東海，永遠不會回還。你難道沒有看見，在高堂上面對明鏡，深沉悲嘆那蒼蒼的白髮？早晨還是滿頭青絲，傍晚就變得潔白如雪。因此，人生在世每逢得意之時，理應盡情歡樂，切莫讓金杯空對皎潔的明月。既然老天造就了我這棟樑之材就一定會有用武之地，即使散盡了千兩黃金，也會重新得到。

部以太液池為中心組成內庭，分布著麟德殿、三清殿、大福殿、清思殿等數十座殿宇樓閣。

唐玄宗見李白氣宇軒昂，渾身帶著一股飄逸仙氣，宛若出塵仙人，不禁忘了自己是萬乘之尊，親自來迎接他。

李白受寵若驚，連連拱手道謝。兩人亦步亦趨走向金鑾殿。

在金鑾殿內，唐玄宗與他毫無拘束談論當世政務，李白口若懸河、雅善修辭兼天生文才，下筆成章，使得唐玄宗非常高興，賜坐「七寶床」，並且下令御膳房準備上等的酒菜，設宴款待李白。

賀知章、李白與唐玄宗三人於酒宴中暢談詩文，李白還當場書寫了他近幾年來在各地被傳頌吟唱的《靜夜思》呈送給唐玄宗。一邊看著李白飄逸瀟灑的書法，一邊朗讀已經非常熟悉的《靜夜思》，唐玄宗笑得十分開心。

「床前明月光，疑是地上霜；舉頭望明月，低頭思故鄉。朗朗上口啊，朕在多年前就知道了，這會是一首千古流傳的好詩！」

「聖上英明！」

「知章，你的書法堪稱當今第一，你過來瞧瞧，太白的書法也不差啊！」

「好詩好書法，恭喜聖上又添得世上罕見的菁英！」

「哈哈哈哈……朕要好好感謝你，幫我找到這麼傑出的人才！」

賀知章拱手道謝。

唐玄宗歡喜之餘，當面授予李白為翰林院學士（註），漂泊一生的李白從此展開了官場生涯。

……然而，官場的生活並沒有為李白帶來太多的浪漫或歡樂。

嗜酒的李白依然整天醉醺醺的，甚至於酒後狂言，得罪了不少人。喜歡飲酒的賀知章了解他，偶而也會勸他收斂一些，因為官場就是一個小圈圈的社會，鋒芒太露難免招來他人的忌妒。李白雖然若有所思地點了點頭，然而，一旦喝起酒，任何事情就都被拋到九霄雲外去了。

註：翰林院從唐朝開始設立，初時為供職具有藝能人士的機構。自唐玄宗後，翰林分為兩種，一種是翰林學士，供職於翰林學士院；一種是翰林供奉，供職於翰林院。翰林學士擔當起草詔書的職責，翰林供奉則無甚實權。晚唐以後，翰林學士院演變成了專門起草機密詔制的重要機構，有「天子私人」之稱。

同時，因為在翰林院沒有什麼事情可做，每天除了下下棋，寫寫書法外，根本談不上國事。如此的生活讓李白覺得有點厭煩，多次想掛冠離去。

棄我去者，昨日之日不可留；
亂我心者，今日之日多煩憂。
長風萬里送秋雁，對此可以酣高樓。
蓬萊文章建安骨，中間小謝又清發。
俱懷逸興壯思飛，欲上青天攬明月。
抽刀斷水水更流，舉杯消愁愁更愁。
人生在世不稱意，明朝散髮弄扁舟。

李白《宣州謝朓樓餞別校書叔雲》

酒沒有少喝的李白，吟了自己的詩之後，漸漸不太願意說話了。心中的豪情淡了幾許！

■

李白的才華，唐玄宗與楊玉環都十分欣賞。

所以，當他們從宦官那裡聽到他有意離去的消息時，兩人都感到相當訝異，於是召來李白想問個清楚。唐玄宗多次想挽留李白，李白卻婉轉回絕了。於是，話題被唐玄宗岔了開來，開始論談著大唐的山川溪流之美。

「李愛卿離開朝廷，是否繼續雲遊四海啊？」

「臣正有此意，想藉著出遊，把大唐的名山勝水都寫下來！」

「很好！很好！難得李愛卿有此雅興，這件事也非李愛卿不可了！」

「聖上明察，臣盡力而為！」

「你問問娘娘就知道了，她至今還對你的『床前明月光，疑是地上霜；舉頭望明月，低頭思故鄉。』朗朗上口呢！」

「感謝娘娘的厚愛。」

「不能繼續留下來陪陪聖上？」楊玉環微笑著，輕聲說。

「我還是不習慣官場生活，一心想雲遊四海。」

「我知道你心裡受到一些委屈，這樣吧，既然你要雲遊四海，朕就成全你，讓你把大唐的名山勝水都寫下來！」

「聖上英明！」

「漫遊需要一筆銀兩啊，我會交代宰相，幫你準備一些漫遊的銀兩！」

李白歡喜叩謝之後，退出金鑾殿，而唐玄宗也交代楊國忠撥一筆錢讓他告老還鄉。離開長安京城時，李白回首自己在京僅僅三年的時光，如今棄官而去，離開了長安，繼續飄蕩四方的流浪生活，如雲朵般瀟灑，四處漂泊！

■

春意最濃的煙花三月天。

天氣普遍暖和了，李白來到了武昌蛇山黃鶴磯頭，登上了江南三大名樓之一的黃鶴樓——是李白與朋友相聚和離別的地方。

臨江遠眺，看見晴空萬里，江水滔滔，美不勝收的景色，讓他將不久前在朝廷受到的委曲、不悅或煩憂盡拋開了。詩興大發，正想題詩抒發心中的感受時，忽然看見牆上寫着一首署名崔顥《黃鶴樓》(註)的詩：

昔人已乘黃鶴去，此地空餘黃鶴樓。
黃鶴一去不復返，白雲千載空悠悠。
晴川歷歷漢陽樹，芳草萋萋鸚鵡洲。
日暮鄉關何處是，煙波江上使人愁。

李白看完這首詩後，放下了筆。

陪他登樓的當地學子覺得很納悶，問李白為何擱下了筆？

「讀了崔顥這首情景交融的好詩，我實在想不到更好的詩句，所以，只能擱下

註：《黃鶴樓》語譯：從前的先人已經駕著黃鶴飛走，此地只剩下這座空空蕩蕩的黃鶴樓。黃鶴飛去來後再也沒有回返，只有那飄浮不定的白雲，千載依舊，在樓前蕩蕩悠悠。舉目遠眺，水道分明，那清清楚楚躍入眼簾的是漢陽樹，綠色撩人，那佈滿芳草景色淒迷的是鸚鵡洲。天色漸晚，暮色自遠而來，我的家鄉該在哪兒才是？只見江面上煙波浩渺，一片迷濛，令我不勝憂愁。

筆了！」李白沒有題詩便走了。

陪在李白身旁的孟浩然若有所思地笑了笑。

「但浩然兄要離開我們到揚州去，太白兄，你是否能寫首詩送他呢？」學子們起鬨著。李白轉頭看了孟浩然一眼，於風中捻了捻稀疏的鬍子，放聲笑了起來。

「沒問題，願浩然兄一路順風！」

故人西辭黃鶴樓，煙花三月下揚州，
孤帆遠影碧空盡，唯見長江天際流。

李白《送孟浩然之廣陵》

李白在遊歷中，結識了年長他十二歲的詩人孟浩然，兩人一見如故，惺惺相惜，常常一起飲酒作詩，是難得的知己。當孟浩然要到廣陵，亦即今日的揚州時，李白專程到黃鶴樓與孟浩然話別，寫下了千古絕唱的《送孟浩然之廣陵》。

孟浩然的一生也是乖舛不已。

他曾經到京城求官，多次赴試，沒有取得半點功名；度過了一段漫長時間後，他對官場已感到絕望，於是，結束了求官的生活，決定到廣陵走一走，散散心。

春意最濃的煙花三月天，李白在黃鶴樓為孟浩然送行，寫下了送別詩，表達他對故人的惜別之情後，站在黃鶴樓上目送孟浩然乘舟隨風遠去，直到消失在碧空的盡頭，李白仍不願輕易離去，直至最後只能見到江水浩浩蕩蕩的流向水天交接之處時，才緩步離開黃鶴樓。

心中充滿了離情別緒！

■

李白繼續在江南飲酒寫詩，快樂漫遊。

杜甫也來到了江南，遇上了當時號稱「謫仙」的李白。

兩位詩人一見如故。

除了在一起樽酒論文、同榻夜話外，還一同到梁（開封）、宋（河南商丘），並一起拜訪隱士范十。

三人惺惺相惜，聊了許多生活禪與人生的苦與樂。

杜甫暢懷開飲之後，寫下一首詩句。

李侯有佳句，往往似陰鏗。余亦東蒙客，憐君如弟兄。
醉眠秋共被，攜手日同行。更想幽期處，還尋北郭生。
入門高興發，侍立小童清。落景聞寒杵，屯雲對古城。
向來吟桔頌，誰欲討蓴羹。不願論簪笏，悠悠滄海情。

杜甫《與李十二白同尋范十隱居》

詩中說：李侯（對李白的尊稱）常有好詩句，往往就像梁陳時期的詩人陰鏗那樣造語精工。我們彼此親如兄弟，喝醉酒後蓋同一條被子睡覺，白天裡一起攜手同遊，一同去幽靜之處尋訪那位像漢代北郭先生似的隱士范十。進門後有很高的興緻，而侍立一旁的小童長相十分清俊。在晚照的殘影中聽見棒槌搗衣的聲響，荒廢的古城上空滿是厚厚的雲層。長久以來我都喜歡吟誦屈原的《橘頌》詩，誰像西晉的張翰那樣見秋風起，便想歸隱故土以求蓴羹？自己一直想要立志為國效力，可今天來拜訪了隱士，就不願再討論什麼功名富貴，這優哉游哉的隱居生活也很安適啊！

唐朝人習慣以排行稱呼，李白在家族兄弟中排行第十二，所以，當時的人稱之為李十二；而杜甫因在家族中排行老二，所以有杜二甫之稱，又因為曾任左拾遺，故當時的人也以杜二拾遺稱呼他。至於范十，可能真實名字也不想讓人知道，而他是家族排行第十，所以，就稱他為范十了。

歸途中，遇到了詩人高適。

高適出身於窮困家庭，二十歲時到長安求官，一直沒有消息。後來北上薊門，漫遊燕趙，想在邊塞尋求報國立功的機會，但也沒找到出路。當他浪跡於宋、梁一帶時，由於三餐時常沒有著落，為了生活，曾過著乞討的流浪生活。一直到了近五十歲，鬍鬚都白了，在宋州刺史張九皋的推薦下，終於當上一個小官。直到五十歲時才開始他的文學創作，他的作品描寫了西塞的生活，例如戰場上的景象、士兵的生活和當地百姓少婦的情懷。天寶十二載（西元七五三年），節度判官田丘推薦高適入河西節度使哥舒翰幕府，安史之亂後任左拾遺轉監察御史。永王李璘起兵，肅宗以高適為揚州大都督府長史，唐代宗追贈禮部尚書。

高適，比杜甫大六歲，比李白小五歲，三人年紀相近。這次三位詩人的相遇，當下的處境是相去不遠的。李白剛辭去工作，而杜甫與高適則沒有功名，正好結伴出遊。三人聚在一起，過著無憂無慮的生活，好像所有的煩惱都被拋開了，也不在乎那遙遠的功名。此刻三個人都是政治失意者——李白剛剛被排擠出長安；杜甫剛剛經歷了科場失敗；高適也不過一介布衣——正所謂「同是天涯淪落人，相逢何必曾相識」，三人相約漫遊，度過了一段美好的時光。偶爾，杜甫會談起二年之後將在長安舉行的科舉考試，希望高適一起前往，但李白卻只是豪邁飲酒，沒有發表任何的意見。三人聚在一起時，經常天南地北地聊天，幾乎無所不談，幾杯黃酒下肚後的閒談，神情顯得相當愉快。

「宦官高力士是連李林甫和楊國忠都想爭先巴結的對象，太白兄膽敢讓他為你脫靴？」

「喝點酒吧，壯膽！」迎著風，李白笑了起來。

「太白兄，有句話不知道該不該問？」高適問。

「但說無妨！」

「您在朝廷待過那麼久的時間，關於科考之事，是否能給個意見？」

「哈哈哈哈……科舉？這玩意離我遙遠囉！」

「我們想進京參加科舉考試。」杜甫說。

「我看你們還是跟我一起雲遊四海，煮酒論詩吧！」

「朝廷需要我們這批讀書人啊！」

「李林甫、楊國忠把持著的朝廷不需要你我這樣的人去輔佐！」

「太白兄，我們一起回長安吧！」高適說。

「我是不會回長安了，想在長安生存下去，憑我們這幾個人，很難！」

「熬個三、五年，應該可以找到機會吧？」

「哈哈哈哈……機會？那你就去試看看吧，到長安待個十年八年的，看看能否謀得一個像樣的官職！」

李白仰天長笑。

■

數月之後，杜甫辭別了李白，進京參加科舉考試。

離別前夕，李白設宴款待杜甫與高適，三人深知這次分手後，不知何年何月才能相見，只好相互勸著把手中的酒乾了！

之後，杜甫第一次來到人文薈萃的長安城，緩步行走於熱鬧的街市，他的眼眸亮了起來。

卷五　長安落魄行

風急天高猿嘯哀，渚清沙白鳥飛回。
無邊落木蕭蕭下，不盡長江滾滾來。
萬里悲秋常作客，百年多病獨登臺。
艱難苦恨繁霜鬢，潦倒新停濁酒杯。

杜甫《登高》

長安，一個讓杜甫牽掛與嚮往的城市。

長安位於秦嶺之下，渭水之濱。從公元前十一世紀起，此前已經有周、秦、漢、西晉、前趙、前秦、後秦、西魏、北周、隋等朝代在這裡建立國都，而這裡的街道，方向端正，排列筆直，佈局像一塊棋盤。

隋朝最初定都於漢長安城。當時的長安破敗狹小，水質遭受汙染，於是，隋文帝楊堅在長安城東南龍首塬南面選了一塊「川原秀麗，卉物滋阜，卜食土，宜建都邑」的地方建造面積達八十四平方公里的新都，定名為「大興城」。隋煬帝楊廣即位，自大興至江都（今揚州），建行宮四十餘座，修建洛陽東宮。

在長安城通往各地的交通幹線上，每三十里都設有驛站，驛站裡備有驛卒、馬驢與車船等交通工具，以備傳遞公文和官吏往來以及行人之用。

長安城，是當時全世界最大的城市，約有一百萬人，是當時阿拉伯巴格達城六倍大，有五萬多個外國人旅居。

杜甫初抵達長安城時，寄居在城南貴人坊後一條偏僻的小巷內，當時恰巧遇上了米價攀升，生活因此出現危機。由於他曾熟讀《神農本草經》，對草藥有些許認識，也曾涉獵《黃帝內經》、《難經》、《傷寒雜病論》、《針灸甲乙經》，對漢醫的陰陽五行理論與診斷技巧都有所認知，於是，他思考良久後，決定了謀生的方式。

除了詩文創作外，他希望在長安城靠著看診與藥草買賣為生，過起郎中的生活。杜甫將親友致贈的一雙絲綢鞋賣掉，得錢五百文，他用這筆錢在鐵舖裡打造了兩把小鏟，在長安城外找到一塊空地，種起一些常用的藥草，如蒼耳子、柴胡、山藥、益母草、蒲公英等。

在藥圃的西側，靠近竹籬笆邊，種了一排被喚為「羊帶來」的蒼耳，已經有膝蓋那麼高了，整株密布著白色短毛，不規則三角形的葉片迎風搖曳，經常招來許多迷途的蝴蝶。

這群蝴蝶的到來，讓杜甫覺得每天的生活異常熱鬧。

早春的嫩蒲公英也是一種野菜。杜甫會摘一些嫩蒲公英到市場兜售，由於新鮮又嫩，十分搶手；老的蒲公英則留下來自己吃，或取出根皮，是洋紅色的染料，在長安市場也深受婦人歡迎。老的蒲公英比較苦，杜甫自己吃的時候眉頭不自覺地皺了起來，但為了生活，這一丁點的苦他可以忍，何況又名黃花地丁的蒲公英有清熱解毒的功效，偶爾吃吃，對身體也有些益處。

除了寫詩之外，經常蹲在藥圃裡的杜甫，近距離看著蒲公英的葉子，一看就是一個上午，毫無倦意。

他發現蒲公英的葉子是從根部上面一圈長出來，圍著一兩根花莖。花莖是空心的，折斷之後有白色的乳汁。由很多細花瓣組成黃色花蕾的蒲公英，成熟之後，花變成一朵圓圓的蒲公英傘，風一吹，四處飄揚。

杜甫發現，自己就像蒲公英一樣，隨時要有流浪或漂泊的打算。

■

當時的長安城，規矩蠻多的。

出入城門時，從左邊進入，右邊出城，中間為車道。

出入需聽街鼓。清晨，鼓聲響起時，則城門與坊門一起打開；入夜，也敲鼓，鼓聲停止時，則城門與坊門一起關閉。在閉門鼓敲過而開門鼓還未敲響之前，不得出入街坊夜行或進出城門，否則，會被綑綁鞭打二十大鞭。

坊市制度下，作生意的地方和住宅區完全分開，城東住的是貴族，城西多是平民和外國人。所以這裡的市場也較多外國貨，各式各樣的商店裡，可以看到世界各國的人，但商店也有營業時間限制，晚上城門關了，城內活動也要停止。

這裡有來自世界各地的商人，其中也有不少來自中亞、西亞等地的外國商人。自絲綢之路來的中亞、西亞與西域各族商人，大都由金光門進入長安城，西市就成為這些人的落腳之地，也是胡人集中的地方。其中一攤由胡人經營的胡餅、燒餅與煎餅等各種胡人的食物，由於風味特殊，深受長安人的喜愛，人潮絡繹不絕，杜甫也買來一個嚐了起來。

味道似乎還不錯，嘴角因為陣陣自舌間竄出的香味而浮現了滿意笑容。

杜甫一邊啃著胡餅，一邊穿過鬧市，前往位於井字街正中位置的市署與和平淮屬，想詢問是否有攤位可承租？不料，這兩個負責管理市場的單位，卻給了杜甫一個讓人失望的答覆：目前已無空位可以出租，請等候通知。

杜甫年幼的兒子宗文會幫忙杜甫整理藥圃，一家人雖然忙得不亦樂乎，但由於在市場找不到攤位，只能無定點的兜售，收入有限，不能自給自足，經常面臨有一餐沒一餐的狀況，需要依靠朋友的幫助，才能度過無米可炊的困境。也就因為這樣，杜甫總希望能找到一處可以兜售草藥的攤位，所以經常在長安城兜著圈子，問了很多人也找了很久，卻一直沒有攤位願意挪出一個角落讓他擺藥草。

杜甫挑著藥草在街道上徐行。

繞過一整排柳樹的溪畔，來到市場較偏遠的角落。杜甫發現有幾個待價而沽的男女，坐在地上，頭垂得低低地，像是深怕見到熟人似的。

唐朝，奴婢是可以在商場買賣的。

杜甫發現自己的命運或許比奴婢還不如，他們可以不愁吃穿，只是生活累了一些而已。而自己呢？為了生活不只是累，還累得令他喘不過氣來，似乎有千斤重的石頭壓在胸口，推也推不開。

找不到擺藥草的地方，杜甫只好挑著藥草到人多的地方兜售。

口袋裡躺著幾枚開元通寶的銅錢，隨著步履的沉重而叮噹亂響。

■

在鄭虔（註）還未當上廣文館博士之前，他曾擔任位階不高的朝廷祭祀輔佐官員，由於他喜歡蒐集當代史事，且常於生花妙筆中，抒發個人的意見，寫下八十多篇文章，不過卻也因此惹來了是非。有人在看過他的書稿後，上書告發「鄭虔私修國史」。

當消息傳回鄭虔的家裡時，鄭虔正在飲酒，他臉色蒼白地站起身子，慌張地晃著凌亂的步伐向一旁的人說道：「這……這如何是好，私修國史可是殺頭之罪啊？」

「你的那些文章我也看過了，應該不會有問題吧！」

「可是，聖上不知道啊？誰造的謠，擺明是要我鄭虔死啊！」

註：鄭虔（六八五年——七六四年），字若齊，河南滎陽滎澤人，唐朝著名詩人、畫家、書法家，曾任廣文館博士、台州司戶參軍，是台州教育啟蒙人。與杜甫熟識，並稱讚他「滎陽冠眾儒」、「文傳天下口」。他學富五車，精通經史，書畫成就卓然一家。

鄭虔再度抓起了一碗酒，仰首飲盡後，朝家中的僕人揮了揮手。

「老爺。」一位中年男僕慌張地靠了過來。

「快去，把我書房那疊剛剛才從張員外那裡送回來的文稿，通通拿去燒了。」

「通通？」僕人抬頭看了鄭虔一眼。

「還杵在那裡幹什麼，快去啊！」

僕人迅速往書房挪動腳步時，鄭虔臉上的愁緒才緩緩散去。

「你的文章，燒了可惜。」

「不燒，要掉腦袋啊！」

這件事折騰了一段歲月，鄭虔雖然逃過了死罪的磨難，卻在大唐的疆域流浪了十年，忽東忽西的貶官生涯，雖讓他看清世局的險惡，但他仍未對朝廷失望。

於是，命運乖舛的鄭虔似乎開始轉運了。

他雖然是一個知名的詩人、畫家和書法家，但在官場卻是一直不順遂。

唐玄宗李隆基偶然之間讀到了鄭虔的其它詩文與書畫，非常欣賞他的才華，想要把他安排在自己身邊，不要他做任何具體事務。於是，透過管道運作，特別為他設置了廣文館，任命鄭虔為廣文館博士，這個職務約今日之國立大學教授。

接到吏部任命令後的鄭虔，喜孜孜地想早一點去報到，卻找不到廣文館這個機構，於是，找宰相訴苦。

「怎麼找不到辦公的地方？」

「聖上下令擴充國學，增設『廣文館』，來安排有賢德的人，你應該感到高興，還嘮叨什麼？」

「可是，我找不到辦公的地方啊！」

「你急什麼，這是一個新的機構，等我挪出了辦公室，就會通知你，你先在禮部的會客室辦公吧！」

「禮部？會客室？」

「沒錯！」

於是，選定了良辰吉日後，鄭虔在一座簡陋的屋子裡，走馬上任了。

鄭虔在廣文館上班，不求名也不求利，整天埋首於大量古舊文化典籍中，選出有流傳價值的文章約四十多篇，編輯成冊後呈現給唐玄宗，多次獲得嘉賞。

喜歡書畫的鄭虔，回憶起自己當年常苦於沒有紙張來練字，還記得某日，他因為閒不住的個性而四處亂逛，路過慈恩寺時，發現北邊的倉庫放著好許多柿樹葉，於是，他每天去要一些柿樹葉回家練習書法，之後，又把柿樹葉送回慈恩寺當柴火，時間久了，倉庫裡的柿葉幾乎都被他寫遍了！回想起這段往事，再想到今天的成就，都是佛祖的保佑！他笑了笑，眼睛瞇成了一線。

■

鄭虔到廣文館任職以後，門庭若市，一些賢才之士多集聚到他的門下。

有一天，來自滄州的書生鄭相如赴京城參加進士科舉考試，由於久聞鄭虔大名，便以同宗的身分前來拜訪鄭虔，兩人以叔姪相稱敘談。鄭虔見五十多歲的鄭相如潦倒不堪，便沒把他當作一回事，待他也沒有特殊的禮節。

「叔父知道我這次能考中嗎？」鄭相如對鄭虔如是說。

鄭虔笑了笑，沒有回答。

「我現在雖然是一介平民，但如果活在孔子那個年代，雖不敢和顏淵相比，我深信一定強過子夏、子路那些人。」

聽了鄭相如這番話，鄭虔突然張大了眼睛，看了他一眼。

鄭虔問：「如果你真的那麼有才華，為什麼不早點來參加科舉考試，為何這麼晚才來？」

「我來年才該成名。不早來，是因為時間沒到罷了。」

鄭虔問：「那你該當什麼官呢？」

鄭相如說：「衢州信安縣尉。不過，我三年後就會死了。」

鄭虔問：「今後關於我在廣文館的事，可以說給我聽聽嗎？」

「可以，可以！」

鄭相如口若懸河，高談闊論起來。人生歷練已多的鄭虔，聽著聽著，已不介意他說了什麼，也沒有專心聽他說些甚麼，只兩眼望向遠方。

至於杜甫呢？他搬至長安南城下杜城居住，日子也不好過，生活陷入了困境。他穿著又窄又短的粗布衣在長安城閒逛，已經好幾天沒吃飯了，鬢角也泛出絲絲如雪的白髮。每天，他和窮人們一起到太倉排隊買減價的救災糧，隊伍繞了好幾圈，耗了很長的時間才能買到；不過似乎沒人有怨言，除了偶爾從隊伍中傳出對插隊者的叫囂或怒罵外，每個人都沉默無語，挪動細碎的腳步隨隊伍緩緩移動身子。

買到了救災糧，杜甫立即帶回家交給等在家裡的妻子五妹炊飯。

由於杜甫對鄭虔敬佩有加，尊稱他為「鄭老」、「老畫師」、「恩師」，兩人所居住之地也相去不遠，因此有時會帶著部分的太倉米並沽了酒去與鄭虔同飲。

喝到夜色沉沉，牢騷沒有歇息。

窗外，細雨霏霏，春花飄落。鄭虔抱出一把琴，在有點冷的風中彈奏起來。

「子美啊，感謝你來看我，還帶了那麼多的酒菜。」

「恩師，別見外了，這是我應該做的。」

「子美啊，你每天到市集賣藥，還好吧？」

「還好！除了有時候上山採藥，會出點狀況外，在長安城裡還好！」

「會有狀況？」

「山上下過雨，山路滑，容易滑倒摔傷。」

「那麼，雨天就不要上山！」

「有時候有些事由不得我們！」

「說得也是，說得也是，不說了，我們繼續喝酒。」

鄭虔在風中笑了笑！

■

在長安等待的日子，杜甫發現自己的確瘦了許多。

朝廷連年用兵，長安物價也一天比一天昂貴起來。

杜甫在饑寒交迫的壓力下，已是未老先衰、又窮又病，除按當時的風氣奔走朱門（註），把心血織就的詩文到處投遞以爭取他全家老小的生存外，也沒有其他的辦法了。四壁蕭然，冷灶無煙，一二日內便有斷炊之虞。

當年的許多文人日子過不下去了，都在長安開館授徒靠束脩度日；杜甫卻不願意，因為他擔心自己萬一哪一天要到外地任職，離開了長安，學生們的課業會無法

註：古代王公貴族的住宅大門漆成紅色，表示尊貴。

延續而耽誤到他們的前程。因此，他只好四處投詩行乞，過著沒有尊嚴的生活。

讓杜甫痛心的，是明明知道這些官宦商賈中人，十之八九都是氣焰高漲、咄咄逼人的非善類之輩，但自己偏偏不爭氣，迫於生活無奈得時常去向他們乞求施捨。

有一次，杜甫鬧瘧疾，被折騰得面黃肌瘦，頭白眼花。大病初癒，他拄著拐杖出門覓食，往長安城南郊的方向走去。

杜甫腦海裡浮現了一個人的名字——杜濟。他是房遠親，住在長安城南郊，或許可以找他幫個忙。

初次拜訪，杜濟對杜甫很客氣，還特別加菜、倒酒，熱情招待。但後來杜甫來得太頻繁了，經常以「路過」為藉口叨擾，久而久之，杜濟的熱情便消失了。

至於杜甫自己也覺得過意不去，為了叨擾一頓飯，卻讓杜濟非常困擾，每思及此，他就不禁眉宇緊縮，臉上沒有太多笑容。

「叨擾了，實在過意不去！」

「哪裡，都是自家人，不要太見外了。」

杜濟的生活也不富裕，見到長輩來，心裡雖然老大不願意，嘴上也不好說什麼。

有一天，午餐的時間到了，杜甫又來到杜濟的家。

杜濟家人一看到杜甫來訪，便在打井水淘米煮飯時，刻意使勁擺動水桶，使得水桶碰觸井邊發出非常刺耳的聲響，也把水攪得渾濁不已；另外，到園中摘菜時，更刻意摘一些還沒成熟的蔬果回來烹煮……。面對杜濟一家人不太友善的舉動，杜甫感慨萬分，默不作聲地吃了這頓飯後，從此不再到杜濟家叨擾了。

「子美啊，子美，你竟然墮落到乞討的生活？」

「只不過是一頓飯吧，何必弄到如此的地步？」

被冷落後，踏著冰涼的月色，杜甫自言自語，難過地走回家。他甚至對天發誓，即使過著行乞的生活，也不會再到杜濟的家。

遭宗族冷落後的淒涼心境，杜甫點滴在心裡。月光灑落臉龐，杜甫抿著嘴，輕輕嘆了幾聲。

卷六　野無賢臣

風林纖月落，衣露淨琴張。
暗水流花徑，春星帶草堂。
檢書燒燭短，看劍引杯長。
詩罷聞吳詠，扁舟意不忘。

杜甫《夜宴左氏莊》

長安城由外郭城、宮城和皇城組成。

外郭城牆上開十二座城門，除南面正門的明德門有五個門道外，其他的門僅有三個門道。宮城位於郭城北部正中，有皇宮太極宮，皇城位於宮城以南，分佈著中央官署和太廟、社稷等祭祀建築。外郭城內有二十二條大街，縱橫交錯的街道將外郭城分作了一百一十坊。坊如今日之村里。

依著曲江池邊的欄杆，眺望東北方，是一棟金碧輝煌的大型宮殿——大明宮。

在皇城之南，有一條橫貫區域的東西向大街，向東行可以抵達春明門，向西走則可以抵達金光門。

東城西城分別有東市和西市兩座市場，集中了長安城的主要商業。

城的東南方，有一座芙蓉園，杜甫隻身來到了園中的曲江池，從倒映於池中的波影中，他第一次發現自己蒼老了許多，隨風飄揚的鬢鬚已如霜一般的灰白。

■

風微微吹過大明宮。

唐玄宗盤算著長治久安的政策，在早朝時對宰相李林甫下了一道「詔天下，有一藝」的制舉旨令——為了讓更多優秀人才為朝廷服務，速徵全國各地有才華、有學識者到長安城考試，金榜題名者，沒有官職的，立即可以派發上任；目前擔任官吏者，可以晉升一級。

「詔天下，有一藝」制舉的消息傳得很快，許多慕名而來的學子，聚集長安城，希望透過這項考試，謀得一官半職；而許多位階低的地方官吏也看到這次加官晉爵的機會，因此請了假而無畏跋山涉水之苦，來到長安。

杜甫滿懷希望地報名參加這次考試。

杜甫在長安逗留已經一年了，仍然沒有太高的名氣，這讓他不禁有點洩氣。當初杜甫漫遊齊趙、如今困居長安的時候，與李白、高適、岑參、王維等當代幾位大詩人都有過或深或淺的交往，但這些人卻極少在作品中對杜甫的詩歌做出高度的評價。杜甫發現自己的名氣遠遠不如李白、王維這樣的大詩人，充其量，也只能算是一個二流的詩人？

有人說，從詩歌風格來講，盛唐時期的詩歌風格注重「清水出芙蓉，天然去雕飾」之美。也就是一種天然的美，自然的美，即便是懷才不遇的主題，其格調也是明快、青春、飄逸的；而杜甫的詩則注重抨擊現實，注重用描寫的手法刻畫細節，格調則相對的深沉、低迴而渾厚。

喜歡的人似乎不多，杜甫只有繼續在這座熱鬧的城市沒沒無聞？

一日，杜甫在長安城逗留時遇上了岑參。

「昨日聽說朝廷下詔，明春將要舉行考功之試，只要有一藝之長者均可前往應考，這是一個晉升的機會，請杜兄不要錯過。」

岑參二十歲至長安，曾經寫了很多求職信，希望透過引薦而謀得一官半職，卻也無法如願，長年奔走於洛陽和長安之間；於三年前，他終於進士及第，生活才有了改善，所以，他非常能夠體會杜甫的心情，並如此鼓勵他參加應試。

杜甫點了點頭，與岑參乾了手中的酒。他心裡明白，想當官，只有參加科舉考試，一試成名。

■

漫步於長安城，杜甫的心情百感交集。

實施坊里制度的長安城，每個坊都建有坊牆，每條大街的兩側都有磚砌的排水溝。在高大的坊牆內分佈著一些民宅，而王宅或公主宅第被重重的院牆包圍著，十分隱密，在這裡活動的人群以親王的親屬或奴僕為主，偶爾也會出現臨幸的皇帝或隨行的大臣。

但這裡沒有一塊磚或一寸地是屬於他的，自己擁有的只是那撲面的冷風，還有讓他揮之不去的貧苦。

城中遍佈著佛寺和道觀，如著名的慈恩寺（大雁塔）、薦福寺（小雁塔）、青龍寺、總持寺、莊嚴寺、興善寺、玄都觀，無論近觀或遠望均顯得十分莊嚴。

望著遠方的佛寺，杜甫不自覺地唸了一句佛號——阿彌陀佛！

緩緩走向東門。

胡人經營的酒館、酒肆、酒店分布於長安城東門至曲江池一帶。杜甫發現一群人圍在攤位前，目不轉睛地看著裸露上半身的男子，赤手空拳地站在木樁上打了一套他看不太懂的拳法，之後這人氣喘吁吁地向圍觀的人群兜售行血順氣的傷藥，雖然買的人不多，男子也毫不在意，喝了幾口水，休息片刻後，抓起了長矛，虎虎生風地揮舞著，人群中有人發出驚呼聲……

「不知道他需不需要這些藥草，如果需要，我可以便宜賣給他。」杜甫擠入人群，一邊啃著胡餅一邊觀賞賣藝男子耍弄長矛，忍不住又自言自語道：「別傻啦，他的藥都賣不出去了，怎麼可能買你這些藥草？」

杜甫無語，抿著嘴，低頭轉身走出人群，繼續往曲江池方向走去。

人潮熙攘，宛如過年。

在街上行走的婦人都留有一頭烏絲長髮，體態曼妙，而許多年幼的孩童，天真無邪地追著偶爾出現在街道上的蝴蝶，忽東忽西地跑著。

擦身而過的人群，雖然陌生，但杜甫深信這會是一個讓他永生難忘的城市。

■

在曲江池的酒肆裡，喧嘩聲四起。

杜甫正在酒肆裡閱讀性格爽直，豁達健談且好飲酒的賀知章的詩文《回鄉偶書》，心頭不自覺浮現了些許鄉愁。

此時，賀知章已經過世三年了。

賀知章，性情中人，平時很喜歡喝酒，杜甫在《飲中八仙歌》中形容他酒醉的情態是「知章騎馬似乘船，眼花落井水底眠」。

而李白對賀知章的好友情意一直念念不忘，在賀知章去世後，曾經在山陰（今浙江紹興）漫遊時特地繞到賀知章住過的房舍走走，懷念這位也喜歡飲酒的好朋友，並隨手寫了一首詩來懷念他。

四明有狂客，風流賀季真。長安一相見，呼我謫仙人。
昔好杯中物，今為松下塵。金龜換酒處，卻憶淚沾巾。

李白《對酒憶賀監》

浙江的四明狂客、風流倜儻的賀季真，在長安第一次見面時，就稱呼我為「謫仙人」。過去喜好喝酒，現在人已成為松下的塵埃，想起他解下金龜換酒來共飲那件事，真讓我難過得淚水沾濕了手巾。

憶起賀知章的過世，讓杜甫想起了家人。有多久沒回家探望妻兒了？結婚已滿五年，三十六歲的杜甫掐指算了算，臉色有些凝重。

擱下了賀知章的詩集，腦海裡浮現了賀知章離開家鄉到長安考進士，辭官回鄉時的景況。從年輕時離家至京城趕考，到滿頭白髮的八十多歲老翁，一路走來的艱辛，還有誰記得他呢？

少小離家老大回，鄉音無改鬢毛衰；兒童相見不相識，笑問客從何處來。

賀知章《回鄉偶書》

這樣的景象，想來不禁讓人唏噓。

從酒肆的窗櫺望出去，俯視長安城內的人家，屋瓦如鱗，繁華的街道，行人車馬頻繁往來，十分熱鬧。

牛車在街上緩步前行。由於馬價昂貴，且不易購得，僅有王公、百官、權貴、富豪子弟才有資格騎馬。下等官吏騎乘劣馬，販夫走卒等貧寒之士通常騎驢，騎牛者除了鄉野村夫外，大都是文人或隱士。

長安城有賃驢或僱驢的行業，僱一頭驢行走二十里，需支付五十文錢。許多讀書人喜歡騎著驢，背著舊錦囊，在長安城的朱雀大街推敲詩句，以顯示孤傲自賞的清高。

杜甫為自己斟滿了一碗酒，一個人緩緩品嚐著酒的辣味，吟唱著他的《飲中八仙歌》。

知章騎馬似乘船，眼花落井水底眠。
汝陽三斗始朝天，道逢麴車口流涎，恨不移封向酒泉。
左相日興費萬錢，飲如長鯨吸百川，銜杯樂聖稱避賢。
宗之瀟灑美少年，舉觴白眼望青天，皎如玉樹臨風前。
蘇晉長齋繡佛前，醉中往往愛逃禪。

李白一斗詩百篇，長安市上酒家眠。天子呼來不上船，自稱臣是酒中仙。
張旭三杯草聖傳，脫帽露頂王公前，揮毫落紙如雲煙。
焦遂五斗方卓然，高談雄辯驚四筵。

杜甫《飲中八仙歌》

微醺的杜甫，步履蹣跚。

風，微微拂動杜甫的衣袖，一如大唐不安的情緒被緩緩掀開……

■

被掀開的歲月，令人心悸。

這一年，大唐社稷已浮現出動盪不安的跡象。

坊間盛傳，唐玄宗對他的兒子們十分猜忌，防範備至，深怕他們篡位，殺他們就像殺豬宰鵝一樣，毫不眨眼；但對陰險如蛇的李林甫、楊國忠、安祿山，卻推心置腹，深信不疑。莫非是被下了蠱？

春，冷鋒過境。

長安城滿佈著肅殺之氣。

已經七十歲的知名書法家、曾任北海太守人稱李北海的（註1）李邕，被宰相李林甫杖刑而死；而曾經舉薦李邕出任北海太守的刑部尚書（註2）裴敦復受到了牽連，也被杖刑，不久就過世了。

唐代時的杖刑，是以木棍直接打在屁股上，屁股被打得皮開肉綻，輕則半年才能痊癒；重者或上了年紀的人，在遭受侮辱式的杖刑後經常還沒有受完刑，就已被活活打死，口吐鮮血，與世長辭了。

敏感的人已警覺到，動亂的日子即將到來！

狂傲的李邕，曾大膽地挪用了公款，但這不足以斷送他的性命。真正讓他送命

註1：李邕，字泰和，人稱李北海，廣陵江都（今屬江蘇）人，唐代學者李善之子，著名書法家。曾任北海太守，又稱他為李北海。書法風格奇偉倜儻，為行書碑法大家。

註2：裴敦復，山西聞喜人。唐玄宗開元十二年（西元七二四年）詔舉「堪任將帥」，裴敦復是第一人登第。

的原因，是遠在長安的左驍衛兵曹柳績與他的岳父杜有鄰不和，於是刻意汙衊杜有鄰妄稱有預知未來的能力，毀謗聖上。

李林甫逮到機會，嚴審逼問，查出柳績是禍首，於是將柳績與杜有鄰一同杖死。而在審訊中，又查出李邕曾經送給柳績一匹馬，於是李林甫立刻責令兩個爪牙奔赴山東，將李邕、裴敦復就地杖殺，當場活活打死！

與李北海互動頻繁的的杜甫，聽到消息時，正在酒肆飲酒，心情顯得萬分沮喪，喝到胃裡的酒全吐了出來。

而在掌中的那碗酒停在那裡，靜止了許久。

杜甫擱下酒，躲到一個偏遠的角落，擦拭眼角的淚水。

■

為了參加制舉考試，杜甫在長安已流浪了幾個月。

科舉與功名，永遠都被劃上等號？擦試了眼角上滯留的滄桑，杜甫低頭走過一座酒肆，清風吹得他的衣袖鼓鼓的。

唐初，承襲隋代的科舉制度，以鄉貢、生徒及制舉三方面選取國家所需的人才。科舉分為常科與制科，常科指鄉貢與生徒。

生徒是在國子監，也就是在中央六學（國子學、太學、四門學、律學、書學、算學）與二館（弘文館、崇文館）等學校的學生，由國子監祭酒每年挑選學業有成的學生送到禮部應省試。

鄉貢則是非學校出身的地方士子，通過府試、州試的舉人，其中，榮獲第一名的稱為解元。

常科每年舉行，制科則是皇帝臨時設置的科目。

唐朝初年，科舉常科考試由吏部考功員外郎主持，之後，因郎官地位太輕，改由禮部侍郎主持。

常科名目很多，依據應舉人的條件和考試內容分為秀才、明經、進士、明法、明書、明算等科。最常見的是進士和明經，以進士科最受重視，唐初時考策問，唐玄宗李隆基當皇帝時，加考詩、賦。

進士每年錄取名額不超過三十人，加上明經也只有百人左右，及第者僅取得做官資格，正式授官須再經吏部主辦的釋褐試，又稱關試，通過的人就會被授予官職，沒有通過者，必須等三年後再應試。

唐朝新科進士授予的官職低微，六品以下官員由吏部任命。如秀才科「上上第」授正八品上官職，明經科的「上上第」授從八品下官職，而進士、明法兩科，甲第授從九品上。著名詩人王維二十一歲那年，考中狀元後派任太樂丞，就是「從八品下」的小官。在唐朝一共有九品三十階的職官，從正一品為最高官至最微小的從九品下，也就是說，官品越多則官職越小。

至於制科，以開元時期為最盛，由皇帝下詔徵求德行高潔或有特殊才能者，舉行臨時的考試，由皇帝親自主持，平民與官吏均可應試，錄取人數無定額，合格者朝廷授與官職或晉升一等。

唐代三百六十九名的宰相中，由制舉出身的計有七十二人。

這年，機會又來了。

許多學子群聚長安城，等待的是魚躍龍門的驚喜。

■

杜甫花了五十文錢，僱了一頭驢，在長安城街道徐行。

陌生的臉龐與多種的地方方言交會的長安城，如春節般的熱絡，客棧與酒肆幾乎沒有空位。近萬名學子在長安城參加了這項劃時代的考試，這群人離功名越來越近了嗎？

考完了試，但除家中有事必須趕回去處理，或地方官吏必須回到工作崗位續職外，大多數人仍聚集在長安城等待放榜的日子。

杜甫噘著嘴，繼續在沒有人認識他的街道上徐行。

「去喝點酒吧，放鬆一下綳緊的心情。」杜甫如此想著，往酒肆的方向徐行。

驢子走著走著，竟然停了下來，磨磨蹭蹭地嘶叫著，杜甫跳下了驢子，拍了幾下驢子的後腿，驢子仍然不願意前行，無奈之餘，只好牽著牠走向酒肆。

放榜的前夕，長安城酒肆生意特別好。

許多書生都聚集在一塊把酒論詩，甚至相互調侃，如果考上了，千萬不要忘記今夜的豪情，一定要相互提攜。酒過幾巡之後，東方天際逐漸浮現了魚肚白了。

一群書生匆忙離開酒肆，湧入放榜的地方——禮部。

杜甫也擠在人群中，墊著腳跟，探出半個腦勺，希望能看到自己的名字出現在黃榜之上。在綿密而莊嚴的鼓聲中，遮住黃榜的紅絲綢被掀開了，書生門尖叫了起來！

「野無賢臣」四個楷體大字，黑壓壓地落在黃榜上。

榜單上連一個考生的名字也沒有。

「怎麼回事，這是怎麼一回事？」

「野無賢臣是什麼意思？」

「到底錄取了多少人，都錄取嗎，還是一個也不錄取？」

「這樣的結果，與聖上下令徵召各地有才之士到長安考試的初衷完全背離。抗議，我們一定要抗議，討回公道！」

書生們情緒激動地開始在禮部外叫囂著……

原來，這一切都是宰相李林甫的鬼主意，他擔心讀書人進宮後會揭發他所做的壞事，因而早就想好了對策—決定一個人也不錄取。當他聽到書生們群聚起來準備抗議的消息後，相當震驚，深怕事情鬧大了無法收拾，便立即調動侍衛隊前往鎮壓。

書生們不願意離去，繼續靜坐抗議。於是，李林甫下令對那群手無寸鐵的書生進行毆打與驅散，甚至逮捕了許多書生，關進大牢。

杜甫對於宰相李林甫的作為，他早有所聞，所以，也不覺得奇怪，只怪自己生不逢時？

門蔭出身的李林甫，先後曾擔任兩位太子的老師，在文學和吏治兩派官吏的鬥爭日益激化的情況下，李林甫開始了他的政治生涯。

門蔭入仕是一種制度化的政治特權。凡符合條件的大臣子孫都可以通過門蔭入仕，而無須通過貢舉。這些高官子弟按規定先充當皇帝或皇太子的侍衛官或齋郎等職，任滿一定年限後，便可授予一定的官階。

於是，李林甫爬升得相當快，由刑部侍郎遷吏部侍郎、中書令，最後走上了權力之巔，當上宰相。為了鞏固自己的地位，他排斥打擊那些受到唐玄宗李隆基賞識並有可能擔任宰相的人。他利用唐玄宗對他的信任，多次意欲左右唐玄宗廢立太子之事，興起了幾次大獄，杖殺了許多反對他的人。

有一次，唐玄宗在勤政樓上隔著簾子眺望遠方，發現兵部侍郎盧絢（註）正好騎馬經過樓下。「盧侍郎意氣風發。」唐玄宗看到盧絢風度很好，隨口讚賞幾句。沒想到消息傳到了李林甫耳中，第二天就把盧絢降職為華州刺史。滿腹疑惑的盧絢，匆忙收拾家當前往就任，剛到任不久，又有人檢舉他身體有病不適合這個職務，於是，又被降職。

過去宰相隨從不過數人，士民不需要迴避。可是當李林甫擔任宰相後，騎馬的護衛隊百餘人，前面還有將士在數百步外淨街，把不相干的百姓趕走，即使是正在趕路的公卿、官吏也都要走避。

李林甫任中書令十六年，處處順從唐玄宗意旨辦事，深得唐玄宗信任，而李林甫主持朝政期間，對各項制度也繼續進行調整，經濟蓬勃發達，鞏固邊防，把大唐王朝的繁榮昌盛推上了頂點。

面對李林甫的能力，唐玄宗開心地笑了笑。

當李林甫以「這次考試沒有發現一個人才，可見天下有才之士都被朝廷搜羅盡了」的迷湯灌進聖上的耳裡時，「詔天下，有一藝」的制舉終以「野無賢臣」結了案，昏庸的唐玄宗甚至為此露出了難得的笑容！

然而，長安城裡被驅散的書生卻沒有因此而散去，反而在酒肆、菜市場或街道上靜坐，希望朝廷還給他們一個公道。

唐玄宗沒有看到，也聽不到這群書生的吶喊。

杜甫低頭走過靜坐的人潮時，心情雖然低落，但他清醒著，他知道這群人的抗議終將化為泡沫，無濟於事的，於是，沽了一罈酒，攜至離長安外的一個村落，一個人喝起了悶酒。

此時，他想起了李白，想起了漫遊江南時，李白曾經說過的話。

註：盧絢，洛陽任太子賓客、詹事、兵部侍郎、華州刺史，詹事、員外同正。李林甫因怕人家議論，便任盧絢為華州刺史，但盧絢到任不久，就被李林甫誣稱有病，不能治理州內政事，改授詹事、員外同正。

「你還是跟我一起雲遊四海，煮酒論詩吧！」

「朝廷不需要你我這樣的人去輔佐！」

「那你就去試看看吧，看看能否謀得一個像樣的官職！」

想起了李白的話，杜甫啞然失笑。從包袱裡取出了筆墨與紙，於一處涼亭中，寫下了對李白的懷思，深情流露：

白也詩無敵，飄然思不群。清新庾開府，俊逸鮑參軍。
渭北春天樹，江東日暮雲。何時一樽酒，重與細論文。

杜甫《春日憶李白》

李白的詩寫得非常好，古今中外，沒有人能超越他；他才華洋溢，思維與眾不同，不隨波逐流。他寫的詩像南朝的庾信那樣清新，也像鮑照一樣俊逸。此時我人在長安，這裡的樹綠油油的了；而李白卻在東吳一帶漫遊，傍晚時，那裡應該是一片雲海吧。什麼時候，我才能再和他見面，再與他一邊喝著酒，一邊談論文章？

杜甫於風中朗讀著剛剛寫成的詩文，漫遊時所有的浪漫似乎都回來了。長安是大唐的首善之都，只要待在長安，應該有很多機會的。杜甫如此想著。

卷七　河西縣尉

功蓋三分國，名成八陣圖。
江流石不轉，遺恨失吞吳。

杜甫《八陣圖》

長安的米，貴了。許多人臉上的笑容淡了許多。

杜甫在長安漂泊多年，幾次參加科舉考試都未能及第，心情跌到了谷底。如今，又遇上經濟蕭條，長安的米價節節上升，在沒有固定收入的情況下，已經好幾天沒有米下鍋煮飯了，不得已，杜甫只好把家人暫時送往奉先縣寄養。

「爹，等你做了官，你要記得來接我們。」大兒子宗文說。

「一定！我會立刻去接你們到長安來。」

「要記得買好多好吃的棗子。」

杜甫笑了笑，看了一眼靜默於一旁，沒有笑容也沒有說話的妻子，心如刀割。

「五妹，孩子就拜託妳了。」

妻子無可奈何地點了點頭，收拾著簡便的行李。

望著窗外朵朵浮雲飛過，杜甫如一隻受了傷的狼，仰天長嘯。

聲音中，迴盪著悽涼、痛苦與無奈。

送走了家人，杜甫肩上的負擔雖然輕了些，但臉上的笑容消失了，皺紋似乎增多了。

此時，忽然接到在郭子儀部隊裡任職的嚴武的書信，希望杜甫有機會可以到那裡去走走。時機來了，或許能謀個一官半職也說不定！

接獲書信的杜甫雖然露出了難得的笑顏，然而，這份喜悅很快就淡了。因為他知道，邊疆，是一個兵馬雜沓的地方，並不適宜有點年紀的詩人生存。

沒有了孩子的哭鬧聲，雖然安靜了些，卻有點冷清與寂寞。沒有了五妹埋怨的眼神與偶爾發自內心的嘮叨，杜甫的日子雖然過得比較坦然，但想起五妹離家時的那抹無奈與無助的眼神，陣陣心痛自心海搖晃著……

杜甫知道，想繼續在長安城裡過日子，不是件簡單的事；他更知道，如果想要求得一官半職，僅是博得聖上的肯定或友人的同情是不夠的。

友人的同情是短暫的，不可強求；而聖上絕對不會因為同情你的不幸遭遇，就給你安排一個官職——所以，一切還是要靠自己——我能拿出什麼本事給聖上瞧瞧呢？

走在長安城裡，杜甫的腦海裡浮現出許多讓他必須靜下心來面對與思考的問題。這幾年來，由於科舉之路無法讓自己謀得官職，生活也並未改善，因此他不斷向權貴投詩，希望能得到他們的推薦；但在紙醉金迷的世界裡，是不是喜歡閱讀詩的人太少了？

他的詩猶如石頭丟入水中，浮出淺淺的漣漪後瞬間就消失了。痛苦寫在杜甫的臉上，貧與窮的陰影，籠罩著他的命運。直到天寶十年（西元七五一年）……希望的火苗似乎終於被點燃了。

■

除夕夜的鞭炮聲，讓杜甫徹夜難眠。

想起了身在遠方而無法團聚的妻子，杜甫一個人繞進酒肆喝著悶酒。由於手邊的錢已所剩不多，喝完這罈酒，如果再沒有收入，之後可能就沒有錢沽酒了。他喝得很慢，喝得很悶，也喝得有點落魄。

有點寒酸的除夕過後，大年初一的長安城熱鬧異常，杜甫漫步在炮竹聲中，毫無目的遊蕩，只希望能為生活找到些許出路。

忽然，一個熟悉的影子於煙霧朦朧中朝他奔了過來。待鞭炮的煙霧散去，定睛一看，原來是鄭虔匆忙地朝他快步跑了過來。

「子美啊！剛剛到府上拜訪，撲了個空，沒想到你有此雅興到街上逛逛。」

「恩師，如此匆忙，找我有事？」

「事情可大了！子美啊，你的機會來了！」

「機會來了？聖上要召見我？」

「你聽我說，事情是這樣的，這個月的正月初八、初九、初十，朝廷將連續三天舉行祀太清宮、祀太廟、祀南郊三大典禮。」

「很好啊，例行的祭典。」

「你想想看，如果你能抓住這次機會，獻上幾篇詩文，聖上一高興，說不定你的機會……」

「啊！我真糊塗，怎麼沒想到，可是，初八、初九、初十，剩沒幾天了！」杜甫如夢初醒。

「就是啊，趕快回家去吧，寫幾篇文章，我幫你轉呈給聖上，千萬不要錯過了這次直接向皇上自薦的機會。」

與杜甫話別後，鄭虔轉身走入年節熱鬧的炮竹聲中。

從鄭虔口中獲知這項消息後，杜甫臉上的笑容密了起來，向鄭虔告別後，三步併兩步跑回長安城外的屋舍，雖仍喘著氣，卻也顧不得歇息了，一邊磨墨一邊構思著如何寫出這可能關係到自己一生榮華富貴的文章。

「我有必要這樣做嗎？」

「聖上會欣賞我的詩文嗎？」

「別浪費時間了，趁著難得的過年，到城裡走走吧？」

時間，對杜甫來說，不是問題。杜甫只是反覆地質問自己：該不該把自己關在書房裡，就為了幾篇可能為他帶來機會，卻沒有把握的文章傷腦筋？

磨完了墨，杜甫走出書房，背著手在屋舍外踱著腳步。天色已暗了，攤在桌面上的宣紙，仍然如雪一樣白，沒有半個字。

沉思許久，杜甫決定動手寫幾篇詩文。

望著緩緩自長安城垛上西沉的火紅落日，杜甫知道，明日清晨之前一定要把文章寫好，慢了，可能就沒有機會了！

大年初一的夜晚，長安城裡傳來的鞭炮聲，此起彼落。

月光斜斜地照進書房，文思泉湧的杜甫在宣紙上繼續揮灑著，從日落之後就沒有離開書房半步了，除了偶爾覺得腰有點酸而擱下筆，轉轉身子、揉揉脖子、舒活舒活筋骨、喝幾碗酒外，他一刻也不敢耽擱，陸續寫了《朝獻太清宮賦》、《朝享太廟賦》、《有事于南郊賦》。賦完成之後，天已經亮了。

杜甫在書房裡倚著一張椅子睡著了，只有微風從窗櫺飄進來，緩緩吹起了宣紙的邊邊角角，遠遠望去，好像在掀著宣紙朗讀杜甫的文章；也好像宦官手捧聖旨宣讀。四周靜寂無聲。

大年初二，晌午。

鄭虔到街上僱了一輛轎子，帶著一些酒菜，搖搖晃晃地到了杜甫的家。門沒關，他輕輕推開門，一邊喊著杜甫的名字一邊走了進去。

杜甫沒有回應，鄭虔覺得有點奇怪。

「莫非又出門了？」鄭虔心裡嘀咕著。

越過了淺又窄的庭園，走進客廳，繞進書房，發現杜甫倚著一張椅子熟睡著。

鄭虔側過頭，發現書房裡擺了好幾張剛剛完成不久的文章，他嘴角不禁露出了滿意的笑容，把手中的酒菜擱在茶几上，抓起宣紙開始朗讀起來，嘴角的笑意也越來越濃了。

杜甫似乎聽到了腳步聲，從睡夢中微微張開了眼睛。

看到了鄭虔正在閱讀他的文章，立刻從椅子上一躍而起。

「恩師，您什麼時候到的？」杜甫顯得有些倦意。

「剛到！子美啊，你一夜沒睡就忙這玩意？」

杜甫靦腆地笑了笑。

「請恩師指教！」

「寫得太好了，我相信聖上看了你的《三大禮賦》，一定會好好重用你的！來來來，我帶來了酒菜，我們喝上幾杯吧！」

鄭虔擱下了杜甫的《三大禮賦》，把放在茶几上的酒菜提了過來。

杜甫立即搬來一張小桌子，兩人席地而坐，邊喝邊天南地北地閒聊起來，最後話題慢慢又轉到朝廷將連續三天舉行祀太清宮、祀太廟、祀南郊三大典禮的事。

鄭虔忽然站起身子，繞著擱在書桌上的《三大禮賦》兜圈子。

「《朝獻太清宮賦》中的『萬神開，八駿迴；旗掩月，車奮雷；騫七曜，燭九垓。能事穎膠，清光大來』這幾句，不錯！」

「謝謝，學生希望聖上也會喜歡。」杜甫說。

「《有事于南郊賦》中的『地回回而風淅淅，天泱泱而氣青青；甲胄乘陵，轉迅雷於荊門巫峽。玉帛清迥，霽夕雨於瀟湘洞庭』，這倒要花點時間好好琢磨琢磨……。『蓋九五之後，人人自以遭唐虞；四十年來，家家自以為稷卨。王綱近古而不軌，天聽貞觀以高揭』也不差！」鄭虔往嘴裡倒了半碗酒。

「恩師誇獎了！」

「不是我說你啊，子美，你的文章寫得真的不錯啊！《朝享太廟賦》中的『臣竊以自赤精之衰歇，曠千載而無真人，及黃圖之經綸，息五行而歸厚地』與『鳥不敢飛，而元甲孝翏以嶽峙；象不敢去，而鳴佩剡爚以星羅』，這幾句實乃千古佳句啊！」

鄭虔站在《朝享太廟賦》文章前，連連發出幾聲讚嘆，轉過身子，為自己倒了半碗酒，邀杜甫乾杯。

杜甫仰首，飲盡手中的半碗酒。

書房裡，傳出鄭虔陣陣的爽朗笑聲。

陽光把書房照亮了，微醺的杜甫似乎看到了宣旨的宦官，正踏著細碎的陽光，自大明宮金鑾殿一路往他的屋舍快步走過來……

■

鄭虔把杜甫的《三大禮賦》與文情並茂的求職信一起進獻給唐玄宗。

唐玄宗看了杜甫的《三大禮賦》後頻頻點頭，覺得杜甫是個人才，當即批示有關部門安排他進集賢院（註），等候分配官職。

消息傳出，轟動了長安城，滿朝文武大官都透過關係來抄錄他的《三大禮賦》，而杜甫的知名度也於一夜間竄紅起來。

雖然知名度闖開了，但生活費依然沒有著落，而等待的日子更是難熬的。不過杜甫願意等……

等待的歲月裡，長安城內發生了乾旱，市面蕭條。杜甫沒有收入，生活有點過不去了，只得硬著頭皮到鄭虔和幾個好友家中，輪流食宿，並殷殷企盼好消息能夠速到來。

而當他發現到鄭虔的生活也不是很好過時，不免覺得繼續這樣到朋友家覓食，只是徒增旁人的負擔而已，但自己又找不到其他活下去的方式……

所以有很長的一段時間，杜甫心情顯得十分鬱悶。

在長安城等候的那段日子，杜甫送給鄭虔一首《醉時歌》。

諸公袞袞登臺省，廣文先生官獨冷。
甲第紛紛厭粱肉，廣文先生飯不足。
先生有道出羲皇，先生有才過屈宋。
德尊一代常轗軻，名垂萬古知何用。

註：集賢院，又名集賢書院、集賢殿書院，中國古代收藏典籍之所，不似翰林院直接參與政治機密。唐代開元十三年（西元七二五）四月，詔改「麗正殿」為集賢院，有學士、直學士、侍講學士等十八人，集賢院成為唐代最大的圖書典藏機構，兼有修撰、侍讀之功能。

杜陵野客人更嗤，被褐短窄鬢如絲。
日糴太倉五升米，時赴鄭老同襟期。
得錢即相覓，沽酒不復疑。
忘形到爾汝，痛飲真吾師。
清夜沈沈動春酌，燈前細雨檐花落。
但覺高歌有鬼神，焉知餓死填溝壑。
相如逸才親滌器，子雲識字終投閣。
先生早賦歸去來，石田茅屋荒蒼苔。
儒術於我何有哉，孔丘盜跖俱塵埃。
不須聞此意慘愴，生前相遇且銜杯。

鄭虔看完了詩，十分感動，嘴角露出了笑容。

「子美啊，你的詩我沒話說，如果聖上也能像我一樣，讀懂你的詩，我們的日子就好過囉！」

「但願如此。恩師，朝廷那邊是否有消息了？」

「聽說要由宰相當面考試！」

「全是奸相作怪，唉！這年頭有才華的人難出頭啊！」杜甫嘆了口氣。

「好說好說，這件事我會幫你留意！」

「已經等了四年了，一直沒有消息，我這些日子又完成了《封西嶽賦》與《雕賦》，請恩師幫我轉呈給聖上。」杜甫從書櫃裡取出了兩卷詩稿交給鄭虔。

鄭虔也不急著打開詩稿，在書房裡跺著腳步。

「子美啊，我看你還是先回老家去等吧，看看妻子兒子，不要把所有的希望都放在長安，有了眉目，我會立刻通知你！」

「我可以等！」

「但你的家人不能這樣陪你等下去啊！」

杜甫沒有回話，若有所失地望著窗外。

窗外的櫻花於寒風中落下了幾片花瓣，薄暮中的長安城顯得有些冷寂。

■

唐朝任官，一般都從八、九品小官做起，然後按部就班升遷。熬到了五、六、七品，通常已是中層官員了，而三、四品為高官，一到二品只用以酬勛臣，似乎很少見。

中層官員包括監察御史、殿中侍御史、侍御史、拾遺、補闕、員外郎、郎中、主簿、縣丞、縣令、州錄事參軍、州司馬、長史、使府判官等；高層則包含御史中丞、御史大夫、中書舍人、給事中、侍郎、尚書、秘書監等長官、州別駕、刺史、節度使、觀察使等。

至於中書舍人、給事中、中書侍郎、中書令和宰相等，則屬高官，一般年齡約在四十五歲以上。

在各種科舉方式中，主要有明經、進士、制科、博學宏詞和書判拔萃。進士比明經清貴，也較難考上，但這兩科即使考上了，進士也需要等候約三年，明經約等候七年左右，才能分配到官職。

在集賢院等待的日子，杜甫憔悴了。

面對唐朝的官僚體系，他要繼續等下去嗎？

在杜甫的年代，每年考中進士的，上千人當中只有大約三十人，明經則有約一百人。如果不想等，只有通過「博學宏詞」和「書判拔萃」考試，但這兩種卻是難度最高的考試，不少唐人考過明經或進士後，又再考此兩科，百人當中只會錄取大約三人，難度相當高，能考中者都是唐代士子當中的精英，如白居易、元稹和李商隱（註1）；而文起八代之衰的韓愈（註2）雖考中進士，三試博學宏詞卻一直

註1：白居易（西元七七二年—八四六年），字樂天，晚號香山居士、醉吟先生，文章精切，特別擅長寫詩，作品平易近人，乃至於有「老嫗能解」的說法。元稹（西元七七九年—八三一年），字微之，唐洛陽人，是拓跋什翼犍第六子拓跋力真的後代，早年和白居易共同提倡「新樂府」，世人常把他和白居易並稱「元白」。李商隱，（西元八一三年—八五八年），字義山，號玉谿生、樊南生，晚唐詩人，和杜牧合稱「小李杜」，與溫庭筠合稱為「溫李」，與同時期的段成式、溫庭筠風格相近。

註2：韓愈，（西元七六八年—八二四年），字退之，自稱昌黎韓愈，世稱韓昌黎；晚年任吏部侍郎，又稱韓吏部。卒謚文，世稱韓文公。唐代文學家，與柳宗元是當時古文運動的倡導者，合稱「韓柳」。蘇軾稱讚他「文起八代之衰，道濟天下之溺，忠犯人主之怒，勇奪三軍之帥」（八代：東漢，魏，晉，宋，齊，梁，陳，隋）。

沒有考中。

一如杜甫的名落孫山……

■

櫻花落了，梧桐葉也落了。

在集賢院等候分配的杜甫，僅獲得「參列選序」資格，並沒有得到任何官職。

當杜甫收拾了細軟，決定先回家探望家人時，長安城傳來了好消息。

杜甫苦苦等了四年才被授予官職——河西縣尉（註）。

「縣尉？哈哈哈哈……」杜甫苦笑不已。

聞訊趕來的鄭虔也苦笑著，好幾次想安慰杜甫，卻張大了嘴巴說不出話來。

鄭虔知道集賢院是皇家圖書館，杜甫希望留在這裡工作，這是杜甫的第一志願，但事與願違，他獲得的是暗察姦宄、緝捕盜賊的縣尉職務。

「恩師，這份工作我能接受嗎？」

「等了這麼久，只等到這個官位，早知道就不要在這裡耗那麼長的時間了。」鄭虔沉思片刻說。

「事實擺在眼前，河西離家更遠了！」

「子美，我知道你的意思，我找人幫你張羅張羅。」

「恩師，感謝你！」

杜甫背著手，失意地望著窗外。

經過了幾天的思考，杜甫拒絕了河西縣尉這個官位。

身心俱疲的杜甫，還為這件事寫了一首詩，抒發心中的鬱悶。

不作河西尉，凄涼為折腰。
老夫怕趨走，率府且逍遙。
耽酒須微祿，狂歌托聖朝。

註：縣尉在唐朝是縣令的僚佐，故稱少府。河西，在唐代為甘肅、青海黃河以西的地方。杜甫離開長安千里迢迢去到河西這麼偏遠的地方任某縣的縣尉，其實在詩人的觀念中，赴邊遠地區任縣尉，實屬人生的一大悲劇。

故山歸興盡，回首向風飆。

杜甫《官定後戲贈》

詩完成了，很多人讀了詩之後，心有戚戚焉，然乖舛命運依然沒有改變。

杜甫依然在漂泊中等待機會。而機會離他似乎越來越遠了？

唐朝任官是循序漸進的。

縣官方面，雖然也有從主簿甚至縣丞、縣令開始的，但案例不多，最多的還是從卑微的縣尉幹起，縣尉是縣官當中人數最多的一個群體。

在州縣官中，能夠當上縣令、州判司、司馬或刺史也不錯，但州縣官的輕重，要看地點而定。京畿附近或戶口多的州縣油水多，較為熱門，關說的人多，像河西縣如此偏遠與貧窮的州縣，許多人避之唯恐不及，即使出了缺，也很少有人會主動爭取。

隨著詩歌的傳遞，杜甫不願意擔任河西縣尉的消息很快傳遍了長安城。

有人說杜甫太不知足了，看不起縣尉這個低階的官；也有人說，杜甫太猖狂了，以為自己的才華高超，官位不應該如此低；也有人為杜甫的處境抱屈，認為他等了四年，不應該被哄小孩似地輕易打發，這根本是種羞辱。

杜甫沒有回話，只是沉默地靜靜等待來自朝廷的新消息。

「想當官，除了你的家族有功於朝廷，可以透過『以蔭入官』的方式謀得一官半職外，很難啊，子美！」鄭虔終於說出了他心裡的話。

杜甫沒有回話，他也不再多說了，為自己斟了一碗酒。

過了幾個月之後，在賢達人士協助與奔走下，吏部重新發了一道公文，派杜甫為右衛率府兵曹參軍。這是一個掌管兵甲、器仗、管理門禁鎖鑰的正八品小官。

杜甫依然沒有露出太多喜悅的笑容，望著那紙公文，眼角泛著淚光。

雖然是小官，但離長安城不遠，杜甫接受了。

十年，在長安求官十年，落得如此下場，他默默接受了乖舛的命運。

「那你就去試看看吧，看看能否謀得一個像樣的官職！」

想起了李白的話，杜甫面無表情，在書房裡踩著沉重的腳步。

卷八　塵埃不見咸陽橋

挽弓當挽強，用箭當用長。
射人先射馬，擒賊先擒王。
殺人亦有限，列國自有疆。
苟能制侵陵，豈在多殺傷。

杜甫《前出塞・九首之一》

天寶十四年十一月（西元七五五年），長安城結霜了。

此時的大唐帝國正面臨著一場腥風血雨的殺戮，安祿山以討伐宰相楊國忠為名，在范陽起兵，部隊由范陽南下，一路攻陷陳留、滎陽，直逼洛陽，許多百姓在戰火中失去了家園也失去了親人。

哭泣聲隨著馬蹄與兵卒的嘶喊而響遍大地。

此時，唐玄宗與楊貴妃仍在驪山華清宮享樂，始終認為安祿山只是鬧著玩的，應該不會那麼無禮，真的帶部隊殺到這裡來吧？

唐玄宗沉思了片刻，任命榮王李琬為元帥，高仙芝為副元帥，討伐叛軍。然而，安祿山部隊勢如破竹，立即攻佔了洛陽，並追擊敗退的高仙芝部隊；唐軍大亂，四處逃散，人馬踐踏，死傷不可勝數，哀號聲不絕於耳，直到退守潼關，才阻住叛兵西進。

唐玄宗有點慌了。

■

天氣轉涼，杜甫決定，在就任右衛率府兵曹參軍前先回奉先探望妻兒。長安已經結霜了，但杜甫仍只穿著一件單薄破舊的衣服，混進了逃難的人群中。

沿途，兵車的輪子滾動著，往來的戰馬發出聲聲嘶嘯；遠征的壯丁個個面無表情地把弓箭背在腰上，許多為人爹娘與妻兒的都神色匆匆地跑來相送，而車馬經過時揚起的塵埃，遮蔽了遠方的咸陽橋。

這次離別後，不知道何時能夠再見，壯丁的家人拖的拖、抱的抱，只為了多一點時間與親人相聚，為此攔住了車馬前行的路；押送新兵的軍官朝著這些老弱婦孺厲聲喝罵，揮鞭亂打，現場哭聲四起，悽涼悲慘的吶喊與哀哭，陣陣衝上了雲霄。

走在人群中的杜甫，於陣陣塵埃中緩步前進，許多哭得心碎的老人跌坐在路旁，不知所措地望著灰濛濛的蒼穹。杜甫低身牽起了老人，安慰他幾句話後，又隨著徵兵的隊伍繼續前進。

沿路上，他同情地向一位被徵調多回的壯丁攀談了幾句，對方說道：「最近點名徵兵的非常頻繁，有的人十五歲就被征去駐守黃河了，到了四十歲，還編入屯田的軍營。當年出發時，他還是村長替他紮的頭巾，沒想到回來時，頭髮都白了；而即便已是這樣了，卻還是無法休息，如今又要被徵調去衛戍邊境。」壯丁述說著他的心情，臉上的愁緒似乎越來越濃了。

「年幼的孩子留長髮，滿十五歲後才開始用頭巾束髮。為什麼一個剛到束髮年齡的孩子要被徵召前往北方作戰！這是何等可憐啊？」杜甫心情十分難過，他擔心邊境上的戰士，鮮血已流成血海了，但聖上開拓邊疆的雄心，還沒有休止。

「再說關東士兵素來號稱奮勇善戰，如今卻被人如此驅趕，這與雞犬有什麼差異呢？要不是看您心慈，我又怎麼敢提起心中這些怨恨呢？」

壯丁回答後，就被士卒以長矛隔開了，士卒還瞪了杜甫一眼。

隊伍繼續前進，塵埃繼續揚起。

杜甫仰首，吐出了鬱積心中的悶氣後，緩步走進塵埃中，衣衫襤褸，那雙鞋子已經磨破了鞋底，偶而會有粗的石子竄入，讓他覺得腳底有點疼，只能放慢腳步，與一群老人坐在路邊的石頭上歇息。

坐在杜甫旁邊的這位老人，應該有七十歲了，拄著拐杖為孫子送行；他喘著氣望著漸行漸遠的徵兵隊伍，眼睛泛著被塵埃沾汙了的淚水。

杜甫從行囊裡掏出巴掌般大的大餅，剝了一半給老人，你一口我一口地吃了起來，也順口聊上幾句。

「且說今年冬天，關西守卒沒一個可回家休息。縣城的衙役每天都到我家裡追逼租稅，我家的孫子去當兵了，無人種田，是要到哪裡籌集租稅啊？早知道生男孩會招來這麼多的麻煩，當初還不如生個女孩，女孩可以嫁給隔壁鄰居，男孩的屍骨很可能就要埋在荒草連天的戰場了。」

兵車繼續從他們的面前行經，塵埃隨風揚起。

老人拍去了落在大餅上的塵埃，看了一眼，又用嘴吹去了滯留於大餅上的黃色塵土後，才放心地再度放進嘴裡。

「年紀大了，這種餅已經咬不動了。」

「老爹，你就放在身邊吧，肚子餓了，就咬一點來吃。」

老人點了點頭，揚起了那根已經非常陳舊的拐杖，指向青海的方向。

「你沒看見嗎？就在青海的那邊，自古以來白骨成山，沒人去收拾。新鬼含冤煩惱，舊鬼不停哭泣，如果遇上陰雨天，四處傳來啾啾咿咿的哭泣聲呢！」

「老爹可是讀書人？」

「讀過一點書，參加多次科舉沒上榜後，就過著莊稼漢的生活了！」

「孩子呢？」

「戰死了，現在連唯一的孫子也被徵調上戰場了，苦啊，大唐子民！」

老人在風中哭了起來！

杜甫嘆了口氣，含著淚水告別老爹後便繼續前進。

路過被山嵐盤繞的驪山時，已近午時。聽說唐玄宗與楊貴妃還在驪山華清宮的溫泉宮裡享樂？杜甫心有點慌了，他擔心聖上安危，擔心安祿山部隊殺過來時，潼關能否守得住？

心情無比沉痛的杜甫離開了鼓樂喧天、刀槍林立的驪山，繼續往奉先的方向前行。一路上，許多百姓們在滾滾塵土中逃亡，有人背著小孩牽著家人，或趕著牲畜往前走，希望離驪山越遠越好。

「準備到哪裡避難呢？」

杜甫夾在逃難的人群中，問一位白髮蒼蒼而懷中緊緊抱著一個小包袱，臉上露出絕望與無奈的老翁。

「天知道？哪裡沒有戰火，就到哪裡落腳！」

杜甫無言地在人群中走，沒多遠，又看到窮人餓死、凍死在路旁的慘狀，回首望了漸遠漸渺的驪山，想起了在奉先的家人，他們是否能撐得過這場災難呢？想著，不免熱淚盈眶。

成群烏鴉低空盤旋，繞著屍體亂飛！

■

次年（天寶十五年，西元七五六年）正月，安祿山在洛陽登基，稱大燕皇帝，準備西進奪取長安；唐玄宗任命河西隴右節度使哥舒翰為兵馬副元帥，扼守潼關。

不久，哥舒翰戰敗被俘，投降了安祿山，朝廷官員個個如驚弓之鳥，想插翅飛離死亡風暴，卻一籌莫展。

潼關既破，長安已無險可守，唐玄宗徵集了大批車馬丁勇，帶著三宮六院、皇親國戚，連同楊國忠兄弟姊妹全家眷屬一同起身，來不及等到天亮，打開了延秋門，往隴西一帶逃去了。

「聖上如果不走，還可緊守京城，等待各路勤王兵馬。如今，卻倉皇逃走，安祿山部隊一定乘虛而入，京城淪陷只在旦夕之間了。」

聽到消息的杜甫心裡嘀咕著，卻又莫可奈何，只能寫下一首《佳人》抒發心中的愁緒；立於塵土飛揚而烽火連天的古道上，杜甫娓娓訴說著心中的愁緒，藉著詩中的佳人，鋪陳流離失所的一生。

絕代有佳人，幽居在空谷。自云良家子，零落依草木。
關中昔喪亂，兄弟遭殺戮。官高何足論，不得收骨肉。
世情惡衰歇，萬事隨轉燭。夫婿輕薄兒，新人美如玉。
合昏尚知時，鴛鴦不獨宿。但見新人笑，那聞舊人哭！

在山泉水清，出山泉水濁。侍婢賣珠迴，牽蘿補茅屋。
摘花不插髮，采柏動盈掬。天寒翠袖薄，日暮倚修竹。

有位舉世無雙的美人，隱居在空曠的山谷中。她說自己是高門府第的女子，飄零淪落到與草木相依。過去關中一帶遭遇戰亂，家裏的兄弟全被亂軍殺戮。官居高位又有什麼用？自己的屍骨都無法收埋。世俗人情都厭惡衰敗的人家，萬事就像隨風而轉的燭火。丈夫是個輕薄子弟，拋棄了我又娶了個美麗如玉的新人。合歡花尚且知道朝開夜合，鴛鴦鳥成雙成對從不獨宿。丈夫只看見新人歡笑，哪裡聽得到舊人哭泣？泉水在山裡是清澈的，出了山就混濁了。只好讓侍女典賣珠寶維持生計，又牽些藤蘿修補已破漏的茅屋。摘下來的花不願插在頭上，喜歡採折滿把的柏枝。天氣寒冷，羅袖顯得分外單薄，黃昏時分，獨自倚在修長的竹子上。

■

長安，政經情勢極度不安。

安祿山帶領部隊進入了他熟悉的都城——長安，下令搜捕百官、宮女、宦官並押赴洛陽。王維、鄭虔等人，先後都被抓進了安祿山陣營。

曾經熱鬧一時的長安城，處於風聲鶴唳之中，商店裡的貨品被安祿山的部隊或當地的土匪洗劫一空，來不及逃出城的宮女與宦官，都被捉走了，而躲藏不及且稍有姿色的民家女也難逃浩劫，被安祿山部隊的士卒給玷汙了。

長安城失火了！

一路逃亡的百姓尖叫著，濃煙與烈火正一吋一吋吞噬著長安城。

離長安一百四十餘里的奉先，是一個貧瘠的村落。

聽到安祿山叛變的消息，村子裡的人已經逃難去了，可以帶走的東西，如牲畜都被趕走了，為了儲備糧食，附近的野菜也被摘光。

空蕩蕩的村落，只有杜甫的家裡有陣陣的嬰兒哭聲傳出來。

飢餓的嬰兒哭聲劃破了寒冷的十一月天，杜甫的妻子五妹已經好幾天擠不出奶水給剛出生的孩子磨兒喝了。身子羸弱的五妹，只穿著一件單薄的衣服在哄小孩。

在好幾天前就已經知道杜甫要回來的五妹，要出門採野菜時，特別交代六歲的長子熊兒（宗文）不要亂跑，要照顧好弟弟驥子（宗武）、兩個妹妹與剛出生不久的磨兒，乖乖等待爹爹回家。

「爹爹這次回家，會帶回來好多好多你最喜歡吃的棗子喔！」為了替已經一年多沒回家的杜甫加菜，五妹必須趁著天氣放晴的時候外出找點野菜，也為了讓熊兒乖乖待在家裡別亂跑，五妹編了一個謊言。

聽到有好吃的棗子，熊兒點了點頭，目送著母親離去，一個人站在門外眺望著遠方，希望能看見抱著棗子回家的父親。

霜，越結越厚了。

村落附近的野菜被霜凍死了，五妹只好繞了幾個山頭，希望能摘到更多的野菜，卻一直無法如願。白茫茫的一片山野，一如她的未來，一片蒼白！

五妹於寒風中不自覺打了個寒顫，感到一陣眩暈，羸弱的身子讓她必須擱下菜籃，坐下來歇息。然而，想起家中的幼兒，她仍然撐起凍僵了的身子緩步走回家。

從很遠很遠的地方看到熊兒依然站在門口，伸長脖子眺望爹的歸途，那可愛的模樣，令五妹不自覺地笑了起來，也放下了心中的掛念，沿著門前的小路緩步走回家。與熊兒擦身而過時，她摸了熊兒臉頰一把。

「熊兒乖，會幫忙娘照顧弟弟了。」

「娘，妳的手好冰！」熊兒縮了一下脖子。

「外面很冷！結霜了，不知道你爹現在人在哪裡？」

五妹緩步走進屋內，把裝著野菜的籃子擱在一旁，走向床鋪，拉了單薄的被子蓋在驥子與磨兒身上；然後，她發現……因為生病，多日未曾進食的磨兒已經僵硬地躺在那裡，沒了呼吸。

五妹張大嘴巴，不敢相信眼前所見的會是事實，淚水颯颯滴落，許久許久才放聲大哭起來。哭聲吵醒了蜷縮成一團熟睡中的驥子。

聽到哭聲的熊兒也轉身往五妹的方向跑了過來。

「娘，發生了什麼事？」

五妹傷心得說不出話來。

「磨兒他怎麼了？娘，磨兒他怎麼了？」

五妹把已死多時的磨兒抱在懷裡，希望藉著體溫能讓他活過來。

「娘！磨兒怎麼了？」

熊兒似乎也感受到了不祥的預兆，跟著放聲哭了起來。

■

走進奉先時，天色已逐漸暗了下來。

不遠處的村落，烏鴉盤旋著，發出聒噪叫聲，聲音中有幾許蒼涼。

拖著被霜凍僵的身子才回到家的杜甫，似乎有點累了。

杜甫推門走進已經一年多未進的房舍時，聽見了五妹與小孩的哭聲，心沉了下來，顧不得長途跋涉的勞累，丟開肩上的包袱，立刻朝她們的方向快步走了過去；然後，他緊緊抱著她們，哭成了一團。

「二郎！讓磨兒好好睡吧，不要吵醒他！」

五妹把凍僵的磨兒放在床上，找來了一件破舊的被單與草蓆，將他緊緊包裹之後，交給已熱淚盈眶的杜甫。

杜甫愣在那裡，許久許久才回過神來。

「明早，我們找個地方把磨兒埋了吧！」

杜甫緊緊摟著捲裹著磨兒屍體的冰冷草蓆，想到自己雖然擁有可以不向官府繳租納稅、不必參軍打仗的特權，卻仍舊餓死了幼子，那麼更遑論是那些貧困失業之徒與遠征邊疆的士兵了……

杜甫整個人癱軟跪倒在地，暈了過去。

窗外，霜越來越濃了。

次日。

霜仍未融化，微弱的陽光灑落在杜甫家後方的小山丘上。

這裡，曾經是五妹摘採野菜的地方，她對這裡的地形最熟悉不過了，如今，卻要親手埋了自己的骨肉，一想起，難免又是簌簌流不止的淚水。

埋葬了磨兒之後，杜甫帶著家人離開了奉先，流亡至白水縣投靠任職白水縣尉的舅舅崔十九。不過由於戰亂仍未平息，白水縣離潼關近，僅四百餘里，說來也非安全之所，於是杜甫只好繼續帶著家人往北逃亡，不久，抵達了羌村。

之後，杜甫把在長安十年的感受和回奉先探親時的沿途見聞，寫成了《自京赴奉先縣詠懷五百字》，五妹每每閱讀杜甫這篇文章，淚水便不自覺流了下來。

杜陵有布衣，老大意轉拙。許身一何愚，竊比稷與契。居然成濩落，白首甘契闊。
蓋棺事則已，此志常覬豁。窮年憂黎元，嘆息腸內熱。取笑同學翁，浩歌彌激烈。
非無江海志，蕭灑送日月。生逢堯舜君，不忍便永訣。當今廊廟具，構廈豈云缺？
葵藿傾太陽，物性固莫奪。顧惟螻蟻輩，但自求其穴。胡為慕大鯨，輒擬偃溟渤？
以茲悟生理，獨恥事干謁。兀兀遂至今，忍為塵埃沒。終愧巢與由，未能易其節。
沉飲聊自遣，放歌破愁絕。歲暮百草零，疾風高岡裂。天衢陰崢嶸，客子中夜發。
霜嚴衣帶斷，指直不得結。凌晨過驪山，御榻在嵽嵲。蚩尤塞寒空，蹴踏崖谷滑。
瑤池氣郁律，羽林相摩戛。君臣留歡娛，樂動殷膠葛。賜浴皆長纓，與宴非短褐。
彤庭所分帛，本自寒女出。鞭撻其夫家，聚斂貢城闕。聖人筐篚恩，實欲邦國活。

多士盈朝廷，仁者宜戰栗。況聞內金盤，盡在衛霍室。中堂有神仙，煙霧蒙玉質。
煖客貂鼠裘，悲管逐清瑟。勸客駝蹄羹，霜橙壓香橘。朱門酒肉臭，路有凍死骨。
榮枯咫尺異，惆悵難再述。北轅就涇渭，官渡又改轍。群冰從西下，極目高崒兀。
疑是崆峒來，恐觸天柱折。河梁幸未坼，枝撐聲窸窣。行李相攀援，川廣不可越。
老妻寄異縣，十口隔風雪。誰能久不顧，庶往共飢渴。入門聞號咷，幼子餓已卒。
吾寧舍一哀，里巷亦嗚咽。所愧為人父，無食致夭折。豈知秋禾登，貧窶有倉卒。
生常免租稅，名不隸征伐。撫跡猶酸辛，平人固騷屑。默思失業徒，因念遠戍卒。
憂端齊終南，澒洞不可掇。

寒冷依舊，路途有點遠，一家人趕著路，顯得有些吃力。走走停停，沿途遇見了許多逃難的人潮也和杜甫一家一樣，臉色凝重地趕路，希望找到一個可以溫暖的藏身之處。

霜未融，路滑。

「作為磨兒的父親，我真是慚愧，竟然沒有辦法讓家人溫飽，連兒子都餓死了！」

杜甫抱著幼女，牽著一直喊累的熊兒慢行，邊走邊嘮叨著；把驥子抱在懷裡的五妹尾隨在一旁，鼻頭一酸，終於哭出聲來。

杜甫也哭了，低頭，在風中偷偷擦拭淚水。

一家人行走緩慢，天黑了才走到一個山凹，陣陣冷風撲面而來，杜甫打了個冷顫，全家人聚坐在一塊大青石上取暖。

想起一路奔波顛沛流離的辛苦，每個人身上衣服都已濕透，滿臉雨水淋漓，臉上露出了倦容。杜甫忽覺左手突然一陣抽痛，好像被什麼東西咬了一口，他緊張地低頭環顧四周，卻沒發現什麼異狀。

低頭細看，微弱月光下，才發現咬住手指不放的正是報在懷抱裡，新生不久的么女鳳子。

杜甫心頭一驚，緩緩抽出了指頭。

「為何咬爹的指頭？」

「餓！」

「再忍忍吧，把這幾個苦李吃了，天亮後，爹再去找些吃的。」

「爹，我也餓！」蹲在身旁的熊兒說。

杜甫輕聲細語告訴他們，要他們忍一忍。但要忍多久，能忍多久？沒有人知道。一路走來，乾糧已吃光了，雖然身上還有一點點盤纏，但路上又沒有店家，也只能靠著喝水撐過這段路程了。

「爹，我餓！」鳳子說，眼角泛著淚光。

「鳳子乖，不能哭！老虎聽到了妳的哭聲，會跑出來喲！」

坐在一旁的五妹笑了笑，撫摸鳳子的頭安慰她，沒想到鳳子一聽到老虎會跑出來更害怕地放聲大哭起來。

五妹說的其實也不是玩笑，這一路上時有虎狼出沒，尤其是夜晚，哭聲的確很容易引來野獸的覬覦；於是，杜甫連忙把鳳子緊緊摟在懷裡，在她的耳邊輕聲說：「妳再哭，老虎就真的來了！」

鳳子揉了揉雙眼，看了看黑漆漆的四周，把頭鑽進杜甫懷裡，假裝睡著了。

此時，下起了雨，山風吹過，讓人冷得直顫抖。

「希望趕快天亮，我們好趕路！」

杜甫看了一眼哄著驥子睡覺的五妹，露出了歉意。找來樹枝樹葉蓋在身上遮風後，一家人背靠著背擠坐在冰涼的雨水石上，等待天亮的曙光。

曙光什麼時候降臨，杜甫不知道。

杜甫累了，已睡去……

卷九　安祿山笑了

洛城一別四千里，胡騎長驅五六年。
草木變衰行劍外，兵戈阻絕老江邊。
思家步月清宵立，憶弟看雲白日眠。
聞道河陽近乘勝，司徒急為破幽燕。

杜甫《恨別》

安祿山望著大唐的蒼穹，笑了。

手中握著的那杯酒，灑向大地時，他知道自己要闖出一番事業的時機已經來臨了。

安祿山出身卑微，年紀很小時，父親就過世了，與媽媽相依為命。而他的媽媽是突厥的巫婆，靠算命為生，收入微薄，為了活下去只有四處漂泊。

聰明的安祿山知道，要生存下去，一定要有所作為，而當時朝廷最顧忌契丹和奚人，於是，身手矯捷的安祿山投靠北平邊區部隊，專門負責緝捕契丹和奚人。

由於他的勤勞與懂得略施小計，得到了長官的賞識，任命他當一個小小的官。靠著這個小官，安祿山知道機會來了。

仰首，面對著大唐亮麗的天空，安祿山笑了。嘴角露出一抹詭異的笑容。

多年以後，安祿山網羅了一大批商人，這些商人往來於大江南北、長城內外，為他積累了鉅額的財富，而這也讓他能夠擁有足夠的金錢來打點朝中的權貴。

安祿山運用賄賂、逢迎拍馬等手段，打點好所有到邊境視察的中央官員；即便身在朝廷中央的大官也輾轉收到安祿山的厚禮。這些官員拿了他的好處，不免說盡好話。

唐玄宗對安祿山這個名字，逐漸留下了深刻的印象。

後來，唐玄宗召見安祿山，安祿山的機會來了！他竭盡所能的拍起馬屁，為了掌握更多的權力資源，四十五歲的他甚至拜二十八歲的楊貴妃為乾媽。

有一回，唐玄宗召見安祿山於大明宮，賞他幾杯御酒，酒酣耳熱之際，唐玄宗打趣的問安祿山。

「你肚子裡裝了什麼東西，怎麼這樣大？」唐玄宗伸出手指，指著他圓滾滾的肚子。

「裡邊什麼也沒有，只有對聖上的一顆忠心。」

「好，爽快！來人啊，賞酒。」

唐玄宗聽得茫茫然，樂不可支，眼睛瞇成了一線，而禍事也因此在大唐的土地上萌芽了。

安祿山胖嘟嘟的，約有三百斤重，圓滾滾的，宛如充足了氣的氣球，而他也經常滿意地拍著自己的肚子。他的肚皮大到垂過膝蓋，除了無法彎下腰綁鞋帶外，椅子也要特別訂做，當他從座位起來時，一左一右的侍從人員還必須小心翼翼扶他，弄疼了他，免不了遭受一頓毒打。

雖然胖，但已過四十的安祿山也很能耍寶，常常表演西域傳進中原的「胡旋舞」，逗得唐玄宗和楊貴妃大樂。

■

開元二十三年（西元七三五年），當年十六歲的楊玉環嫁給唐玄宗的第十八個兒子，即壽王李瑁。兩人一直過著恩愛浪漫的生活。

然而，在一次因緣際會中，宦官高力士帶著楊玉環進入溫泉宮，遇見了唐玄宗，玄宗一時驚為天人，把高力士找到一旁問個清楚，才知道這位美女已經出嫁了，丈夫正是自己的兒子李瑁。

見過楊玉環後，唐玄宗心神不定，思考著如何讓楊玉環終身陪伴在自己的身邊，即使是自己的媳婦，他也不在乎。於是，為了圓這段感情，唐玄宗安排楊玉環出家為道姑，並易名為太真，在太真宮中帶髮修行。

五年之後，讓她還俗，冊封為貴妃，此時的楊玉環已二十七歲，而唐玄宗已是一頭白髮的老人。

失意的李瑁敢怒而不敢言。

楊貴妃獲得唐玄宗李隆基寵幸後，家族裡許多人也因她而獲得官爵或賞賜，大姐封為韓國夫人，三姐封為虢國夫人，八姐封為秦國夫人，而堂兄楊國忠也進入了朝廷，把持朝政。

■

從長安歸來後，安祿山便全部身心地投入到造反的準備工作。

天寶十四年（西元七五五年）正月，春節的氣氛還正濃呢，安祿山部隊的將軍何千年帶着安祿山《撤換三十二員漢籍將領為蕃（番）將》的奏本來到了長安。

文武官員獲知後，驚訝萬分，認為此舉將動搖國本，不可草率行事。

「漢將沒有違法，何以要撤換三十二員漢籍將領？」

「聽說是不聽指揮！」

「不聽指揮？欲加之罪，何患無辭！」

文武官員支支吾吾的，卻拿不出主意來。唐玄宗聽說是安祿山排人送來了奏本，立即召見何千年將軍。當他打開奏本這麼一看，才知道要撤換三十二員漢籍！

「既然漢將不聽指揮，朕就准，直接交由中書和門下二省辦理吧！」

唐玄宗笑了笑，還特別交代何千年將軍轉告，蕃將的人選就由安祿山遴選，遴選後再呈上來就可以了！

何千年將軍喜孜孜地離開長安時，新任同平章事（註）韋見素獲知這個消息，知道再這樣胡鬧下去，早晚一定會出事。他是個明眼人，安祿山大規模撤換漢將，擺明了就是要造反。

韋見素立即找楊國忠商量——明日諫止。

翌日，清晨，有點冷。

楊國忠和韋見素同時覲見，兩人還未開口說話，唐玄宗劈頭就是一句：「愛卿是為祿山的事來的嗎？關於這件事，朕自有主意，不必多說了！」

「聖上，這撤換三十二員漢籍不是兒戲啊！」韋見素鼓着勇氣說。

「朕知道，韋愛卿別說了！」唐玄宗揮了揮手，示意他退下。

楊國忠似乎想說什麼，愣了片刻，瞄了一眼韋見素，沒有說話。

韋見素急得快哭出來！

十一月，長安城轉冷了。

范陽、平盧、河東三鎮節度使安祿山以討伐宰相楊國忠的名義，在范陽起兵，部隊浩浩蕩蕩由范陽一路，很快攻下了洛陽。

唐軍大亂，人馬踐踏，死傷累累，只好退守潼關，才阻住叛兵無情的襲擊。

次年（西元七五六年），正月。

安祿山在洛陽稱大燕皇帝，準備西進奪取長安。

唐玄宗任命河西隴右節度使哥舒翰為兵馬副元帥，扼守潼關。但最終潼關仍是破了，長安已無險可守，唐玄宗被迫只能倉皇逃往四川……

註：同平章事，唐朝初年，唐太宗以綜理政務的中書省、門下省、尚書省三省長官中書令、侍中、尚書僕射為宰相；因此其他參予政務並加同中書門下三品或同中書門下平章事名義的官員都是事實上的宰相。唐朝宰相名目最多，同中書門下平章事資歷最淺。

馬鳴，風蕭蕭。

大唐有五十五萬軍隊，其中四十九萬駐守於邊境，歸屬於各地的節度使調度，而河北邊防重鎮平盧、范陽節度使更是兵精將廣，無怪乎安祿山能如此勢如破竹。

每每思及此事，杜甫也落下淚水。

安史之亂爆發，潼關失守，哭聲響遍大唐疆域的歲月。

安祿山部隊即將進入長安。

在文武官員的建議下，唐玄宗要南下到四川避難。四川，一條險惡之路，讓許多人臉上滿佈憂慮，而太子李亨（註）也打點好所有事務，準備隨玄宗前往四川。

馬蹄響過大唐疆域，妻離子散的折騰，想哭的人多了，流離失所的人潮也越來越多。

哀嚎與哭聲，讓大唐的天空充滿了毀滅前的陰霾。

卷九　安祿山笑了

註：李亨，唐肅宗李亨，唐玄宗李隆基第三子，母為楊貴嬪。西元七三八年被立為太子，改名李亨。馬嵬驛兵變，楊貴妃死後，李隆基西逃，李亨繼位。在位六年，在宮廷政變中驚憂而死，享年五十一歲，葬於建陵（今陝西省醴泉縣東北十八里的武將山）。

卷十　馬鳴風蕭蕭

朝進東門營，暮上河陽橋。
落日照大旗，馬鳴風蕭蕭。
平沙列萬幕，部伍各見招。
中天懸明月，令嚴夜寂寥。
悲笳數聲動，壯士慘不驕。
借問大將誰，恐是霍嫖姚。

杜甫《後出塞·五首之一》

天色微亮，浩浩蕩蕩的逃難隊伍離開了長安城。

跪倒在路旁而無法離開長安城的百姓，急得哭了起來。

太子李亨（唐肅宗）被軍民阻攔，希望他不要到四川去，請求他留下安撫前方抗敵的軍心。李亨請示父王，唐玄宗沒有意見，揮了揮手，讓他自己決定。

於是，李亨留了下來。

送走了父親後，李亨臉色突然凝重起來！唐玄宗的緊急避難，讓許多王爺都蠢蠢欲動，打算能在關鍵時刻出手，確實掌握政權。

李亨找來了親信商議落腳的地方。

「我們總不能一直待在這裡吧？」

「我們應該找個地方避難。」李亨長男李豫（註1）說。

「到哪裡去？」

「天色漸晚，這裡不可久留，大家有什麼打算？」

「殿下從前曾當過朔方戰區節度使，文武官員每年呈遞名單拜年時，我還約略記得他們的姓名。而今，河西、隴右兩個戰區的部眾都被擊敗，大多已向盜賊投降，而目前我方留守的部眾，他們的父兄子弟很多都已在盜賊軍隊中，人心不穩，可能發生變化。朔方戰區離我們最近，那裡人飽馬肥，還是先往那邊去吧。」「盜賊進入長安，忙著搶劫擄掠，沒有時間奪取土地，應利用這個空檔迅速前往，再慢慢計劃討伐的策略。」李亨第三個兒子李倓（註2）說。

聽了他的部屬與兒子們的談話，李亨的眼睛突然亮了起來，看了一眼李倓，然後會心的笑一笑。他揮動右手，大批部隊立即開拔前往兵精糧足的自家地盤——靈武，準備展現政治實力。李亨清楚知道，亂世可以造英雄。

而他需要的不是英雄，是掌握天下的權柄！

註1：李豫，唐代宗，是唐朝第九位皇帝，為唐肅宗長子。馬嵬坡之變後，他隨肅宗北上，任為「兵馬大元帥」，統帥諸將收復兩京，西元七五八年被立為皇太子，西元七六三年平定了安史之亂。

註2：李倓，唐肅宗第三子。李倓統軍作戰，多次擊潰盤踞關中的叛軍。為人正直，多次向肅宗揭露李輔國、張良娣二人罪惡，李輔國、張良娣誣陷李倓欲謀害其兄廣平王李俶，肅宗聽信讒言，賜李倓死。

■

逃亡四川的唐玄宗，歷盡風霜。

唐玄宗在慌亂中帶著楊貴妃出逃蜀中，楊國忠隨行。途經馬嵬驛時，一路護駕的將士們不肯再前進，他們一致認為這次的戰亂是因楊國忠和楊貴妃而起，要求處死楊貴妃和楊國忠。六軍都認為楊貴妃乃禍國紅顏，不殺她則難平軍心。

唐玄宗一直替楊貴妃開脫罪名，認為安祿山的叛亂與楊國忠有關係，的確該誅，但楊貴妃無罪，應該赦免。但在眾叛親離的現實環境中，唐玄宗的話已經起不了作用，即使貴為一國之君也無法保住她的性命。

「聖上，請救我，救救我！」

盡管楊貴妃含著眼淚，哭倒在地上，發出淒厲的哀號，也難以挽回大勢已去的局勢。在愛情與社稷的權衡下，唐玄宗李隆基選擇了社稷。

他哽咽地賜楊貴妃白綾一條，讓她自縊於梨樹下。

午後，風吹得有點急，雨落了下來。

雨水滴落於唐玄宗的臉龐，混著淚水沿著唇緣滴落，已分不清是淚是雨了。正值風華歲月的一代紅顏楊貴妃香消玉殞，而楊國忠則死於亂兵刀刃之下。

唐玄宗紅著眼眶隨部隊繼續向南方逃亡！

■

天寶十五年（西元七五六年）七月，離逃亡的恐慌有點遠了，李亨在寧夏靈武即位，尊唐玄宗李隆基為太上皇。

「反了？反了！」逃亡於四川，仍然過著帝王般生活的唐玄宗獲知消息，驚訝萬分，開始在文武官員面前發起牢騷，指責李亨的不忠不孝，甚至多次揚言要調動部隊圍剿李亨。幸好許多大臣將他勸了下來。

經過了幾天的沉思後，唐玄宗知道太子登基是早晚的事，於是，莫可奈何地派了房琯、韋見素前往靈武承認既成的事實。

雖然如此，唐玄宗仍悶悶不樂，鬱鬱寡歡。他比任何人都清楚，安史之亂的起因與蔓延，都與自己脫不了關係。

話頭再回到杜甫身上。消息靈通的他，在獲知李亨於寧夏靈武即位後，便把妻兒安置在鄜州，決定獨自去投靠李亨，希望能在這個亂世中為朝廷作點事。

八月，天氣轉涼，他打點好簡便行李，裝扮成窮苦百姓，穿著一身破爛衣服，往靈武的方向出發。沿途依然出現許多避難的人潮，有許多人扶老攜幼，走沒幾步路就被迫停下來休息，只有那些騎著牛或驢子的人可以繼續趕路。

路上似乎不太平靜，經常會出現安祿山的部屬或攔路打劫的土匪。

經過離靈武約二百餘里的蘆子關時，杜甫不幸遇上安祿山的部眾，更被搜出了公牒；於是，他立即遭到逮捕，上了刑具，被押送到淪陷後的長安。

公牒，唐朝律文規定，出門遠行，必須隨身攜帶公牒。

杜甫身上的這張公牒，即如今日的通行證，是不久前透過縣衙向州府申辦的，上面記載著姓名、年齡、狀貌、出行理由、起止地方、所經路線、往返時間、隨行眷屬及牲畜、物品數量，還必須找保人列名具保申請人確實為當地編戶之百姓。

杜甫知道他身上這張公牒惹禍了，只能莫可奈何地攤了攤手。

安祿山對待俘虜非常殘酷，如果願意投降並協助他，還可以派個官位給你。如果不肯屈就，就會遭受凌辱與毒打。即便如此，杜甫拿定主意，絕不投降安祿山，於是，一陣毒打是免不了的；不過由於他的官位太小了，不過是個微不足道的八品官，所以在一陣毒打過後，就被扔進大牢，逃過了死亡的局面。

夜晚，大牢裡的風很冷。

月光從牢獄的窗孔照射進來，灑落在杜甫的腳尖前。他抬起頭，望了一眼窗外皎潔的月亮，不由得想起家人，踱了幾回無奈的步伐後，他寫起了詩，眼眶逐漸泛紅。

今夜鄜州月，閨中只獨看。
遙憐小兒女，未解憶長安。
香霧雲鬟濕，清輝玉臂寒。
何時倚虛幌，雙照淚痕乾？

杜甫《月夜》

今晚鄜州的月亮，杜甫孤獨望著；而閨中的妻子此時大概也正獨自寂寞仰望著這輪明月吧？杜甫如此想著。雖然心疼遠方的子女，而年幼的孩子還不能體會母親是如何思念流落在長安的父親。妻子佇立窗前望月，想必如雲般的鬟髮已被霧露沾濕，而白玉似的手臂在清冷月光下也將微微覺得一陣寒意。不知道何時才能再聚首倚窗賞月，讓月光照乾我們佈滿淚水的臉？

熱淚自杜甫的眼眶打轉，忍了又忍，還是落了下來。

抬頭望著窗外的月，杜甫第一次發現要讓月光照乾佈滿淚水的臉，相當不容易吧？他吁了一口悶氣，緩緩蹲下身子，抱著頭痛哭起來。

■

安史之亂後，長安城逐漸衰落，城市遭到嚴重破壞。

這場戰亂，結束了盛唐的神話，百年帝國從此走上下坡路，一去不回。

安祿山與史思明（註）前後起兵，盛唐歌舞昇平的假象被戳破了。

國破山河在，城春草木深。

感時花濺淚，恨別鳥驚心。
烽火連三月，家書抵萬金。
白頭搔更短，渾欲不勝簪。

杜甫《春望》

京城雖然淪陷了，但山河依舊在，長安城綠意盎然，春天來臨了，但草木卻長得很雜亂。感傷時事，看著繁華春花，不禁掉下淚來；怨恨離別，縱使聽見春鳥鳴叫，也令人心裡揣揣不安。戰爭已經連續好幾個月了，能收到一封家書真可說是比黃金萬兩還珍貴。可憐我頭上的白髮，因為憂傷而愈抓愈少，簡直就要插不上玉簪了。

濃煙滾滾，腥膻撲面。

註：史思明，與安祿山是同鄉，在天寶十四年（西元七五五年）一起發動安史之亂。安祿山長於政治、不知軍事；史思明長於軍事。這也是促成安祿山更增信心決定反叛的主因之一。

往昔的繁華，成為回憶；戰爭的創傷，成為唐人難以治癒的心靈之痛！
也是杜甫心中的痛。

卷十一　麻鞋天子左拾遺

錦城翠柏早成林，丞相祠堂最足欽，
自有丹心昭日月，長留華表矢忠忱。
三分天下隆中策，六出祈山漢幟臨，
昭烈帝陵呵護在，英雄終古感知音。

杜甫《蜀相》

安祿山一直是大唐心中的痛，隨著時間的轉折慢慢地紓緩了。

自從發動兵變以來，安祿山視力逐漸惡化，看不見東西，而身子多處長了惡瘡，性情越來越煩躁與凶暴，左右侍從人員稍微有一點不如他的意，就用鞭抽棍打，甚至無情誅殺，讓許多在他身旁做事的人憂心忡忡。

稱帝之後，安祿山住在洛陽深宮裡，高級將領很難見他一面，都是透過中書侍郎嚴莊（註1）奏報，才有機會見面。嚴莊雖然地位尊貴而又手握大權，但也免不了受安祿山毆打。只要安祿山心情不爽，任何人都難逃他的痛擊，連十幾歲時就侍奉安祿山，聰明伶俐的宦官李珠兒也經常遭他拳打腳踢。

沒有人敢發出怨言，怨恨逐漸鬱積。

而安祿山心愛的二老婆段皇后，生下了安慶恩後，安祿山有意立安慶恩為太子，安慶緒（註2）整天過著生不如死的恐懼生活，提心吊膽，不知道該如何是好。

嚴莊看穿了安慶緒的心事，再找來了宦官李珠兒，三人秘密會商後，決定除掉安祿山。

「這件事情不得不做，機會只有一次，錯失了，我們三個人就會沒命！」嚴莊環顧四周，輕聲說話。

「怎麼做，我們都聽你的。」安慶緒邊說邊點頭，李珠兒也認同這項行動，輕輕點了點頭。

「什麼時候行動？」安慶緒問。

「今天，入夜之後。」嚴莊握緊了拳頭，眼神裡露出了殺氣。

洛陽的夜深了，冷風籠罩著沒有月亮的深宮。

蟲鳴鳥叫聲此起彼落，肅守的衛兵也顫抖於冷風中。突然，一道黑影靠近，還來不及盤問，人就已躺在冷風中，鮮血自口鼻中噴了出來。

嚴莊與安慶緒分持刀劍，守候寢殿門外，李珠兒提刀進入寢殿，一言不發，就

註1：嚴莊，安祿山的軍師，安祿山稱帝后拜為丞相。與安祿山之子安慶緒、內侍宦官李珠兒勾結，誅殺安祿山；安慶緒登基後，任丞相，獨攬大權。

註2：安慶緒，唐代的軍人，大燕政權宗室、皇帝。是安祿山的次子，初名仁執，後為唐帝李隆基賜名慶緒。父親安祿山叛唐自立後，被封為晉王，後來弒父、襲稱燕帝，最終死於部將史思明之手。

往躺在床上的安祿山肚子上猛砍，鮮血飛濺。左右侍從驚恐，嚇得不敢出聲。

「不要驚慌喊叫，就饒你們一命！」

與宦官李珠兒熟識的侍從，臉色發白，不敢出聲。安祿山被砍了幾刀，想從床上爬起來，卻因為身體太胖了，轉身困難而作罷；他大喊了幾聲，卻不見侍從過來，慌亂中，急把手伸向枕頭下，那裡慣常都擺了一把刀的。然而，刀已不在！

安祿山發出狂吼，拉扯帳竿痛苦地呻吟著，眼看著腸子從自己肥滋滋的肚子裡流出來……經過片刻掙扎，終於斷了最後一口氣！

唐至德二載（燕聖武二年，西元七五七年）正月六日，清晨。

嚴莊向文武百官宣佈，安祿山病勢沉重，封晉王安慶緒當太子。不久，大燕皇帝安慶緒正式登基，尊安祿山為太上皇，然後，宣告安祿山因為藥石罔治而過世了，發佈哀詔。

一代梟雄悄悄告別了人世間，但他留下的禍害卻還未結束……

■

天寶十五年（西元七五六年）七月，李亨在靈武登基，是為唐肅宗。由於勢單力薄，岌岌可危，於是，調郭子儀（註）部隊至靈武駐守，並以郭子儀為兵部尚書兼宰相。

次年二月，郭子儀率軍進攻馮翊，逼近僅一河之隔的河東。河東城內有人乘機內應唐軍，砍殺了叛軍近千人，叛軍守將崔乾祐發現大勢不妙，趁著黑夜來臨時，翻過了城牆，遁入黑夜中，逃走了。

郭子儀部隊則乘勝追擊，順利攻下了河東。

再說到被關在長安大牢裡的杜甫，他一直想找機會離開賊營，而或許是蒙天不棄，他碰到了舊識，老長工項六。項六當年被安祿山官軍部隊擄去後，現在已當上

註：郭子儀，唐代政治家、軍事家。一生平定安史之亂等諸多亂事，歷事玄、肅、代、德四帝，封汾陽王，世稱郭令公。是歷代狀元中，唯一由武狀元而位至宰相者，曾兩度擔任宰相。同時，也是歷代武狀元中軍功最為顯著者。

了士卒的頭目。杜甫滿心歡喜之餘，向他訴說了自己內心的感受與想逃離的希望。

「這個容易，看管杜公子的這隊士卒是我的部下，我們交情深厚，我幫你說說看，應該不難辦到，你也可以到靈武去朝見天子。」

項六輕聲說著，杜甫拱手致謝。

過了幾天，沒有月亮的夜晚，項六來到了杜甫的牢獄。

「這一趟路，途中有好些地方都被安祿山軍隊佔領了，沒有他們所發的腰牌路引是絕對過不去。」

「那怎麼辦？」

「放心，我幫你打點好了！看守杜公子的這位兄弟丘三水，他正有事要往靈武那一帶看望兄弟，他已答應幫助杜公子上路，避免在途中發生意外。」

聽了項六一席話後，杜甫臉上的憂慮似乎淡了許多。

夜深了，杜甫尾隨丘三水從金光門溜出，往靈武的方向趕去。

由於唐軍連戰告捷，民心大振，唐肅宗李亨臉上的笑容增多了，軍隊也由靈武移到了鳳翔。四月，即命皇子李俶為元帥，郭子儀為天下兵馬副元帥，繼續征討叛軍。

杜甫趕了幾天的路，正打算找個地方歇腳時，卻又聽到肅宗與文武官員已移至鳳翔，杜甫立即與陪他走了幾天的丘三水話別，轉往鳳翔的方向走去。

旅途風塵，寒舍孤燈。

滿鬢霜白的如今仍為了生活奔波，說起來令人傷心，不勝唏噓。

由於身上的乾糧有限，路途遙遠，杜甫走了一個月，終於抵達了鳳翔。這時他人已憔悴，髮鬢都白了，衣袖已殘破，露出兩個手肘，腳上穿的那雙麻鞋也磨破了，腳趾頭從鞋尖竄出來，顯得十分落魄。

肅守宮殿的禁衛軍看到一個糟老頭模樣的男子靠近，持長矛擋住了他的去路。

「站住！幹什麼的？」

「我要見聖上！」

「見聖上？你是什麼人？」

「鞏縣杜甫，杜子美。」

「好像聽過你的名字？我想起來了，你就是那個寫《兵車行》的杜甫？」

肅守宮殿的禁衛軍打量著杜甫的裝扮，眉頭不自覺皺了起來。

「沒錯，正是在下杜甫！」

「你說你要見聖上？我找人去幫你通報，看看聖上是不是要見你！」

杜甫連連稱道謝，望著近在咫尺的宮殿，他發現從長安至鳳翔這一路的奔波勞是非常值得。

杜甫拄著拐杖，等候傳喚。

風拂過臉頰，一個多月沒有整理的鬍鬚，隨風飄飄然揚起，而已殘破的衣袖也在陣陣冷風中晃動著……

奔波的行程中，杜甫憔悴了。

翻山越嶺，嚐遍風雨霜雪之後，他終於見到了唐肅宗李亨。年輕氣盛的李亨瞧了一眼跪在殿下的杜甫，眉頭揪緊在一塊，沉思許久，才緩緩說出憋在心頭的話。

「你就是那個寫《自京赴奉先縣詠懷五百字》來誹謗朝廷的杜甫？」

「罪臣不敢。」杜甫心頭一驚，差點說不出話來。

「你寫的那些詩，就好像說大唐這個國家都是貪官汙吏，民不聊生？」

唐肅宗顯得有些憤怒。站在兩旁的文武官員個個噤若寒蟬，等著看杜甫如何接招，如何化解這場可能面臨殺頭的危機？

「罪臣並無此意，只是把一路上所見的記錄下來而已，希望……」

「希望什麼？說下去！」

「希望為官者能檢討改善，那才是黎民百姓之福啊，聖上！」杜甫撲倒在殿前。

聽到了這句話，肅宗的態度似乎軟化了許多，朝杜甫揮了揮手。

「起來吧！朕念你千里迢迢不辭辛勞來投靠，尚有一片忠心，這件事就不追究了。你就留下來吧，朕封你為左拾遺。」

杜甫露出了喜悅的笑容。

唐肅宗大手一揮，宦官高聲呼喊——退朝。

在杜甫叩頭謝恩與萬歲萬歲萬萬歲的呼聲中退朝了。

左拾遺，是發現聖上的命令有不合時宜或不合理時要提出意見的諫官，職位很低，只有從八品而已。

官位雖低，杜甫願意接受。

文武官員立即圍著杜甫噓寒問暖的，甚至還拉著他到附近的酒館喝酒，幫他洗塵接風。

杜甫笑了笑，首次發現了官場的虛偽與無奈。

卷十二　落難的詩人

孟冬十郡良家子，血作陳陶澤中水。
野曠天清無戰聲，四萬義軍同日死。
群胡歸來血洗箭，仍唱胡歌飲都市。
都人回面向北啼，日夜更望官軍至。

杜甫《悲陳陶》

安史之亂發生的第二年。

馬仍嗚，風依然蕭蕭。

唐玄宗李隆基第十六個兒子，李亨同父異母的弟弟永王李璘，不滿李亨在靈武登基，在謀士薛鏐、李臺卿、蔡坰等人勸進下，割據了江陵，甚至於江陵召募勇士數萬人，並隨意署命地方官員，為謀反作起準備。

消息傳到了靈武，李亨知道後，命李璘到靈武覲見。

李璘沒有理會，揚言王不見王。

李亨在靈武背著手踱步，望著烏雲飛過蒼穹，咬著牙，沒有說話。

恨意，自嘴角一絲一絲緩緩竄出……

■

四處漂泊的李白，眼皮一直跳著，他似乎預感著有些事情要發生了。

他如一枚棋子般，被捏成了讓他心酸與痛心的憾事……

舊年將盡，新年即將到來。

朝廷迅速做出了決定，以高適為淮南節度使，以來瑱擔任淮南西道節度使，以韋陟任江東節度使，希望有效牽制李璘。但李璘沒有理會，除了積極部署兵力外，還多次派員邀李白到幕府中幫忙。盛情難卻之下，李白收拾簡便行李，告別了宗氏夫人（註），納入了永王李璘的麾下，並寫下《永王東巡歌》歌頌李璘的事蹟。

試借君王玉馬鞭，
指揮戎虜坐瓊筵。
南風一掃胡塵靜，
西入長安到日邊。

李白《永王東巡歌》

詩文輾轉傳到了靈武，唐肅宗李亨讀到這首詩後，顯得十分震驚，從此也記住

註：李白一共有三段婚姻，第一段娶了許氏夫人；第二段是劉氏夫人；第三段則是宗氏夫人。兩人情深意篤，生死不移。即使李白遊歷在外，也常會收到妻子宗氏夫人關愛的書信。

了李白的名字。

歲月荏苒，世局依然紛亂。河北招討判官李銑以數千兵馬駐營揚子縣，當晚，長江對岸火光一片，李璘（註）以為官兵軍隊已渡長江，下令開戰迎擊。不久，李璘中箭，被江西採訪使皇甫銑捉拿後殺之，他的妻兒則被發配至偏遠的蜀地生活。

永王李璘兵敗後，李白受到牽累，被捕入獄。

唐肅宗李亨想起了李白歌頌李璘事蹟的《永王東巡歌》，不免對李白心懷憤恨，甚至一度要將他處死；消息傳出後，在文武官員與他的夫人奔走營救下，肅宗沒有下令殺他。

可是，死罪雖免，活罪卻難逃，遂將他流放夜郎——唐代西南部最荒涼偏遠的地方，亦即今貴州遵義境內——陪伴著他的只有押解他的士卒。

受了驚嚇的李白，在鬼門關前走了一回，一臉茫然。

而當時依附於當塗縣令李陽冰過日子的杜甫，聽到消息後，哭了。

流放途中，李白經江夏、沔州，進入三峽；宗氏夫人希望能讓李白的晚年過得舒服一些，無須繼續飄泊，便透過關係繼續為李白的事四處奔走。

也許上蒼聽到了宗氏夫人的呼喚，髮已白，鬚也白，已經五十九歲的李白還沒抵達夜郎，行至白帝城時，詔書下達，李白被赦免了。

獲知自己已是自由之身的李白，興奮的買了艘船，在長江漫遊，也回到了江陵。一邊縱酒，一邊吟詩，仍不改詩人的浪漫個性！

但寄人籬下的杜甫，這時仍不知道赦免李白的詔書已下達，還以為李白捱不過流放的漫漫長路，或許已經死了。

輾轉反側，難以入眠，起身，披了件袍子，透過皎潔的月光，寫詩以敘懷。

死別已吞聲，生別常惻惻。

江南瘴癘地，逐客無消息。

註：李璘由兄李亨養大，開元十三年（西元七二五年）封永王。安史之亂時，玄宗下詔封李璘鎮守江陵。李璘謀士薛鏐等人勸李璘割據江陵，為謀反作準備。肅宗李亨知道這個情況，於是命他到蜀中覲見，但李璘沒有理會。至德二年（西元七五七年）二月，李璘的部下季廣琛逃亡廣陵，渾惟明逃亡金陵，李璘以為官軍已渡長江，下令開戰迎擊。大庾嶺一戰，李璘中箭。同年二月二十日處決。其黨人薛鏐亦被殺。李璘的妻兒被送到蜀中。

故人入我夢，明我長相憶，
恐非平生魂，路遠不可測。
魂來楓林青，魂返關塞黑。
君今在羅網，何以有羽翼？
落月滿屋梁，猶疑照顏色。
水深波浪闊，無使蛟龍得。

杜甫《夢李白》（其一）

死別讓人飲泣吞聲；生別更令人悲傷難過。李白知道我經常思念他，所以，常到夢中來相見。

京城裡冠蓋雲集，唯獨你落魄憔悴。明知你的盛名，必能流傳千秋萬世，但那畢竟是你身後的事啊！

赤子之情，流露無遺，莫非說的也是杜甫自己內心的獨白？

冠蓋滿京華，斯人獨憔悴！

■

肅宗至德二年（西元七五七年），閏八月。

閏月，對杜甫來說，似乎隱含著一場風暴即將到來。

處理完了永王李璘的事件後，唐肅宗李亨的帝位似乎越坐越穩當了，在唐玄宗時代任職宰相的房琯（註）在唐肅宗的王國裡，主動請求帶領部隊剿滅叛軍，唐肅宗答應了。

送走了父親時代的老臣，猶如拔除了眼中釘、肉中刺，肅宗李亨心情似乎稍微舒適了些。

然而，不久就自邊疆傳來房琯兵敗陳陶，四萬多人慘遭安祿山部隊殘殺的噩耗。房琯兵敗後，雖多次有意重整旗鼓，伺機行事，但監軍的宦官卻一再逼迫房琯

註：房琯，字次律。年少好學，博學多聞，與呂向隱居陸渾山讀書。開元十二年（七二四年）獻《封禪書》，官至給事中。肅宗朝，任命他為宰相，在唐軍收復長安後，房琯隨肅宗回京，被授金紫光祿大夫，封清河郡公。晚年喜聽門客董廷蘭彈琴，董廷蘭收賄，房琯被貶為太子少師。唐代宗即位，拜為特進刑部尚書。是年八月於往長安赴任途中去世，追封為太尉。

繼續再戰，於是，房琯再戰於青坂，部隊卻因此遭受無情殲滅。

唐肅宗李亨對於房琯二次兵敗，感覺臉上無光。

此時，朝廷中開始出現了對房琯不利的消息，直指房琯結黨營私。

唐肅宗撤了房琯宰相之職，房琯沉默了，也憔悴了。

有一天，唐肅宗李亨發現房琯因病而沒有來早朝，於是當著文武官員的面，批判了房琯的是是非非。文武官員眼見聖上氣呼呼的，毫不留情的批判房琯，甚至抹煞了房琯先前為朝廷所立下的功勞，當下沒人敢捻虎鬚，全都裝做沒事人般，手持笏板（註），低頭不語。

這時，杜甫說話了。

「陳陶與青坂之戰，罪不在房琯，請聖上明察。」

「罪不在房琯，難道罪在於朕？」李亨怒視著杜甫。

「臣惶恐，臣無此意，宦官監軍，罪不在房琯！」

「就算宦官監軍，房琯是統帥，難道不應該負點責任嗎？」

氣氛似乎有點僵持，朝廷中，無人敢為房琯說話，身為左拾遺的杜甫，認為有必要幫房琯說幾句公道話，於是，他手持笏板繼續說。

「罪細，不宜免大臣。」

「罪細？死了十幾萬人，罪細？荒唐，荒唐！」

「房琯雖有罪，但罪不及罷相，聖上三思啊！」

「癲狂，癲狂！」

李亨憤怒地喝斥杜甫，杜甫仍然沒有退縮之意，繼續幫房琯說情。

「來人，給我拿下，詔三司推問！」

杜甫愣住了，臉色蒼白，被衝進來的衛士當場壓在殿下，笏板掉落，發出些微的聲響，在一片吵雜聲中，卻沒人發現。

當杜甫伸手想撿起那塊掉落的笏板時，一位衛士一腳正好踩在笏板上，啪的一聲，笏板斷了。

註：笏板，又稱為手板、手版，是文武官員上朝面見天子時所持的狹長形板子，文武大官品第不同，所持笏板的材質也不同，主要用途是大臣朝見天子時，用來記錄天子的命令或旨意，也可用來書寫向天子上奏的章疏內容，為備忘提示用。

笏板斷了，杜甫臉色凝重，如被村夫們捕獲之獸類，讓人拖著走。

房琯之事，觸怒唐肅宗後，杜甫被關進監牢裡，等待刑部、御史台、大理寺聯合審判，情況十分緊張，而杜甫知道這次的進言，的確觸怒天顏，自己的命運如斷線的紙鳶，凶多吉少了。

杜甫被關進大牢後，早朝依然每日持續進行。

由於唐肅宗的狂傲，文武官員似乎也不願意多說話，只有宰相張鎬（註）向聖上求情。

「杜甫的進言是出自一片忠心。」

「忠心？」

「這是左拾遺的職責啊，聖上！」

「他總不能夠把房琯說得一點錯也沒有啊！」

張鎬吞了幾回口水，戰戰兢兢地繼續說：「如果將杜甫治罪，恐怕會絕斷進言之路，請聖上三思。」

唐肅宗沉思著，面無表情地看著文武大臣。

「還有誰為杜甫說情的？」

文武官員沉默不已。

唐肅宗環顧了殿下沒有吭聲的大臣，嘴角發出詭異的冷笑。

■

房琯的晚歲坎坷，身後淒涼。

閏八月，曾經貴為宰相而隨唐玄宗奔往蜀地、後被指派送交傳國玉璽給李亨的房琯，被貶為邠州刺史。

至於杜甫，雖被免除了死罪，卻因李亨不願意再看到杜甫的臉，甚至厭惡他早朝時進言的聲音，於是，讓杜甫放幾天假回家省親。

之後，更將他貶為華州司功參軍。杜甫從此永遠離開了朝廷！

註：張鎬，肅宗至德二年（西元七五七年）任中書侍郎同中書門下平章事，拜相，兼河南節度使。是年史思明詐降，張鎬雖看穿其奸計，但肅宗不聽，反將張鎬貶為荊州大都督府長史。不久，史思明再次起兵攻入鄴城，自稱為大燕皇帝。唐肅宗召回張鎬，授以太子賓官。岐王李業子李珍作亂，被廢為平民，張鎬因曾買李珍的房子，被貶辰州司戶。

九月，郭子儀率領十五萬部隊逼近長安，與叛軍十萬人於長安西南香積寺北灃水之東激戰，順利收復了長安。

安慶緒自登基後首次遭受如此重大的挫敗，於是，他決定放棄洛陽，北渡黃河。

這讓唐軍順利地收復了洛陽，李亨與文武官員也回到了長安。

安祿山反叛朝廷時，曾派張通儒（註1）劫持百官，遭劫的鄭虔、王維等人被安排在安祿山的陣營裡當官。如今，在安祿山之亂被平定後，鄭虔、王維等成了叛亂的黨羽，被囚禁在咸陽，等待問罪。最後，經中書令（註2）崔圓的說情與周旋，鄭虔和王維終於免去了死罪。

嚇出一身冷汗的鄭虔被貶為台州司戶參軍，而王維則被降級處分。

不久，關中發生飢荒，杜甫在華州司功任上過了半年，覺得這個差事無聊得讓他無法發揮專才，加上年歲也大了，經常要輪值夜班，體力有些難以負荷，於是，辭去了這份卑微的官職，帶著家人前往成都。

無官一身輕的杜甫，臉上顯露濃烈的失落感。

他沒想到自己的晚年竟然會是如此狼狽！

註1：張通儒，為薛仁貴的後代，在安史之亂時，也被安祿山拉到了自己的陣營，曾任大燕政權的左相、西京留守。

註2：崔圓，少時貧寒，好兵書，開元二十三年（西元七三五年），詔舉遺逸，以「鈐謀射策」授武職。楊國忠領西川節度使時，崔圓前去拜見，並授為節度巡官。安史之亂時，任節度使，拜為宰相。

卷十三　水鳥盤飛的浣花溪

細草微風岸，危檣獨夜舟。
星垂平野闊，月湧大江流。
名豈文章著，官應老病休。
飄飄何所似？天地一沙鷗。

杜甫《旅夜書懷》

秋，有點涼意！

失意的李白消瘦許多，而且身體非常虛弱。

一生遠遊，有如飄蓬般浪跡天涯的李白，儘管懷才不遇，壯志難伸，仍無法改變李白飄逸豁達的性格，他仍然藉著酒來消愁，從大自然中找尋知音。

李白路過當塗縣時，投靠了縣令李陽冰，過了一段短暫而不愁吃穿的生活，兒子伯禽也留在身邊。至於他的女兒——平陽，命運就比較滄桑了，出嫁後便即離世，至於如何去世的？李白知道，但他一直沒有說清楚，只是淡淡地說：女既嫁而卒！

父子雖然團聚，然而李白病了，身子越來越瘦。

肅宗寶應元年（西元七六二年），李白六十一歲，終因病重而過世了。

李陽冰將李白葬於當塗縣城南五公里的龍山東麓。

李白沉默了！

涼風起天末，君子意如何；

鴻雁幾時到，江湖秋水多。
文章憎命達，魑魅喜人過；
應共冤魂語，投詩贈汨羅。

杜甫《天末懷李白》

五十歲的杜甫，在得知故友辭世後，寫下了這首《天末懷李白》。至於他自己，則依然過著有一餐沒一餐的生活。

為生活毫無著落而愁眉不展的杜甫，聽說隴西一帶光景較好，容易覓食，於是，和家人商量之後，帶了全家往西方緩步走去。

經過了長途跋涉，來到了秦州，想找一處地方建一座草堂好定居下來。但由於找了好幾個地方都沒有如願，只能暫時四處寄居；又過了一些時日後，他們發現此地似乎容不下他們，於是，又繼續往西走。一路翻山越水，走走停停，嚐盡了風霜，抵達了同谷縣。

杜甫累了。

杜甫的家人累了。

於是，他們再次停下腳步，暫時在這裡歇息！

生活依舊困頓，全家衣食依然艱難，手無縛雞之力的杜甫開始有了歸隱的念頭，他想找兩畝薄田自己耕種。

然而，尋尋覓覓之後，依舊無法如願，迫於無奈，他只好繼續帶著家人西行，往成都的方向艱難行去。

拖著渾身的倦意，來到了劍門，一家最後終於踏上了進入四川的棧道。

路途中，杜甫聽到了昔日好友嚴武擔任劍南節度使的消息，久久盤繞於臉上的煩憂似乎被撥開了，露出難得的笑容。

繼續西行，在飢寒交迫下繼續慢行。

肅宗乾元二年（七五九年），約走了六十幾天的杜甫，由甘肅到了成都。此時，身邊的盤纏都已用光了，苦日子似乎正等著他。

為了找個地方住下來，杜甫四處打聽與請託，最後，只能暫時借住於浣花溪畔一座古寺裡，在寺外搭個小寮子暫居。但是，一家人已經好幾天沒有進食了，餓得有些不耐煩的小兒子也顧不得父子之禮，衝著父親一陣吼叫，聲音之大，還在山谷裡盪出了回音。

「爹，我肚子餓，你怎麼還不去鄰居那裡討口飯回來吃？」

杜甫心頭一驚，鼻頭一酸，熱淚瞬間溢了出來。

於是，杜甫到古寺附近撿拾橡子，帶著鐵鏟，到溪邊挖山芋充飢。他不在乎別人怎麼看他，他需要養家糊口，生存一直以來都是杜甫最緊迫的事情。

到哪裡乞討呢？嚴武的個性他清楚得很，暫時還是不要去打擾他比較好；左思右想，最後只好硬著頭皮，向任職於彭州刺史的高適發出了求援信，希望他能在生活上給予援助。

收到杜甫的信，高適才知道杜甫一家人原已到了成都，高適從百里之外揹著米前往成都來接濟他。聽到大詩人杜甫來到成都的鄰里們，也陸續送來了一些小菜，暫時紓解了杜甫了無米之炊的窘境。

杜甫嘴角泛出絲絲笑容。

隨著消息的傳開，嚴武也得知了消息。比杜甫小十四歲的嚴武，對於這位老大哥的到來，有著幾分的驚喜。

他也不吝於向杜甫提供援助，派了許多士卒，花了幾天的時間，替初來乍到、無親無故的杜甫在浣花溪畔蓋起了一間還算舒適的茅屋。

舍南舍北皆春水，
但見群鷗日日來。
花徑不曾緣客掃，
蓬門今始為君開。
盤飧市遠無兼味，
樽酒家貧只舊醅。
肯與鄰翁相對飲，
隔籬呼取盡餘杯。

杜甫《客至》

落寞的杜甫，以詩記錄了這段歲月。

草堂的前後有很多溪流圍繞，只見成群水鳥日日飛來，花木深掩的小徑不曾因客人的到來而打掃乾淨，而這扇蓬草編織的小門，今日為你的到來才打開呢！因為離市集有一段路，沒有很多好的菜餚招待，也因為家貧，酒瓶裡只有未經過濾的酒，如果願意與隔壁那位老翁對飲，我會隔著籬笆喊他過來一起乾杯！

叛亂平定了，杜甫在浣花溪畔的草堂度過了還算愉快的日子，從杜甫的詩文中，可以發現他內心的愉悅。有了屬於自己的屋舍，長年奔波的杜甫，心頭的牽掛與煩憂似乎也輕鬆了起來，不再鬱鬱寡歡，悶悶不樂！

每天可以漫步在山明水秀的景色中，杜甫的喜悅之情不言可喻，除了飲酒外，也經常無憂無慮的賦詩。住處四周種了許多棵楊柳，心情顯得特別愉快。

從杜甫草堂的窗戶望出去，正可以看到雪嶺上白雪皚皚的景色，想到這千年不消的雪，不由得讓詩人興起天長地久的感觸。

門外，正好有船停泊在那兒，詩人看到這種景象，想到這船是可以航行萬里往來東吳的，不由得又勾起了他東遊吳越時的豪情。

到了春天，柳樹長出了嫩綠的葉子。在那青翠的柳蔭深處，有一對黃鸝鳥正在合唱一首春天的頌歌，歌聲婉轉動聽。天空一碧如洗，成群的白鷺飛上青天。

成都，一個陌生的地方。

也是讓後人對杜甫永生難忘的地方。

■

嚴武曾率兵西征，追擊吐蕃，拓地數百里，與郭子儀在秦隴一帶主力部隊相配合，終於擊退了吐蕃的大舉入侵，保衛了西南邊疆。

嚴武的父親嚴挺之，歷任考功員外郎、郎中、給事中，因得罪宰相李林甫、李元紘(註)而遭排擠，暮年的官運不佳。嚴武二十歲時，調補太原府參軍事，後來，在隴右節度使哥舒翰陣營中擔任判官。

春，微寒。

為了改善杜甫一家人的生活，嚴武寫了一份奏本，推薦杜甫任節度使署中參謀、檢校工部員外郎。唐肅宗李亨看到了嚴武奏本的內容，想起了多年前房琯罷相之事，憶起了杜甫激進的進言方式，臉色凝重。

擱下了奏本，唐肅宗腦海裡還隱隱浮現杜甫「癲狂」進言時的模樣，也浮起了杜甫被當廷拿下，押入大牢時，眼角那抹苦痛與絕望的眼神……

「看在嚴武曾為國家效力沙場的情分上，就准了吧！」在內心掙扎了許久後，唐肅宗終於下了決定。

於是，杜甫正式成為嚴武任劍南節度使時的檢校工部員外郎，並賜緋魚袋。

員外即員外郎，原本是一個職官名，地位次於郎中，簡稱為員外。

員外，指正員以外的官。檢校亦即代理、充任。

至於緋魚袋，依據唐朝制度，凡五品以上官員發給魚符，上面刻著官吏姓名，以為憑信，因為裝在袋子裡，所以，稱為魚袋，等於目前官署發給的職員證兼出入證。

註：李元紘，最初擔任雍州司戶。當時太平公主的家奴侵佔寺院的一座磨坊，寺僧不服告官。元紘要求太平公主歸還百姓，雍州長史竇懷貞怕事，命令他改判，元紘卻說：「南山可移，此斷不可搖。」在開元初年，被拔擢為京兆尹。官拜戶部侍郎。

每天從草堂走向節度使辦公的處所時，杜甫臉上的笑容增多了。附近的人已不再喚他的名字，見面時，稱杜甫為「杜大人」或「杜工部」。有了俸祿之後，生活改善了。

但笑顏中仍不免溢出幾縷滄桑。奔波忙碌了幾十年，換得的竟是兩袖清風？

■

嚴武因與杜甫有世交，因而對待杜甫非常好，常親自去他的草堂探望他，而杜甫去見嚴武時，也不拘禮節，有時連頭巾都不戴，嚴武只是笑了笑。

杜甫經常到嚴武家中作客，除了向嚴武的母親請安外，也經常找嚴武煮酒論詩。嚴武雖是一介武夫，但出生書香世家，對於詩文也不陌生。兩人雖然互動頻繁，但顏武知道杜甫一生潦倒，飽經滄桑，年紀越大，脾氣難免變得有些暴躁，多少會有些看不起嚴武這種書讀得較少的武人，所以，經常有不禮貌的地方。

嚴武都忍了下來。雖有多次怨言，然而，也不願意多說什麼，深怕因為自己的無意而影響了杜甫在成都的生活情緒。直到有一次，杜甫因為喝醉酒而鬧了事，兩人的關係才逐漸起了變化。

那次，杜甫喝得有點醉了，直闖嚴武的臥室，跳上了嚴武的床吼叫道：「你是不是嚴挺之的兒子？」

對於杜甫突如其來的無理且失常的舉動，嚴武臉色丕變，向門外的執勤士卒招了招手。

「哈哈哈哈……我乃是杜審言的孫子！」

嚴武知道杜甫醉了，怒氣才逐漸消去，揮手讓已衝進來要抓杜甫問罪的士卒退去。

杜甫一頭倒在嚴武的床上睡了。

事後，也許杜甫不知道發生了什麼事，但嚴武清楚知道，杜甫這個人酒喝多了容易出事。

■

唐代的幕府生涯是相當嚴格的。

每天在天剛亮時就要入府辦公，夜晚才能回家，而杜甫穿上窄窄的軍衣，在幕府裡與一些幕僚們相互猜疑，內心極為痛苦，久而久之也充塞了無法排遣的憂鬱。

清秋的夜晚，井邊的梧桐已透發出陣陣寒意了，獨自一人住宿在幕府值夜，心境是寂寞的。

蠟燭都快燒盡了，天還沒亮。

暗夜孤燈的滋味，對一個老人而言是殘酷的，也顯得有幾分悽涼，悠長的號角聲更增添了無限愁緒！

唐乾元元年（西元七五八年），杜甫辭去了所有官職。

杜甫辭官的原因，不全是因為不善於官場的逢迎，而是自己的身子日漸衰弱。從草堂到辦公的地方，每天必需往返奔波一段路，這讓患有風濕與肺病、糖尿病的杜甫感到有點吃不消。

加上嚴武在四川橫徵暴斂的行為，杜甫是看在眼裡痛在心裡，於是，決定重回草堂過著老農的生活。

顏武多次想留他，但想起自己橫徵暴斂的行為，卻不知道如何開口。

他知道杜甫的個性，想留也留不住他！

永泰元年（西元七六五年）的春天，成都瘟疫流行，身子魁武的嚴武忽然染上了瘟疫，而且病情嚴重得令多位前來應診的郎中都束手無策。

杜甫獲知消息，日夜陪伴著他，希望他能早日康復。可是，嚴武的病始終沒有起色，勉強挨到當年四月，還是往生了。

嚴武暴卒後，他的母親在哀傷之際，嘆了一口氣說：「我現在可以不必擔心會淪為官婢了。」

這句話是怎麼回事呢？原來，事情的起因是在嚴武鎮守四川時，當時梓州刺史章彝因一件很小的事情惹惱了他，嚴武竟然用棍子將章彝活活打死。根據唐代律令，犯罪者的家屬應沒入宮中或貶為官婢，必須幹一些粗活。幸好這件事，聖上沒怪罪下來！

也難怪嚴武的母親擔心了。

杜甫心裡非常悲痛。等嚴武安葬之後，又回到了草堂，過著窮困的日子。

轉眼間，時序進入了秋天，成都經常刮風下雨，杜甫枯坐草堂，無法出門漫遊，覺得有點煩悶。

正想招呼著孩子們磨墨，寫幾首詩時，突然刮起了陣陣強風暴雨，把草堂房頂上的茅草吹走了，雨水落了下來。

杜甫一家人忙著找東西抵住大門，避免大門被風吹垮，也忙著到門外想把茅草撿回來。

一出門，卻發現南村幾個小孩正調皮地把茅草捲起，拿著就往對面竹林中跑去。杜甫急得跳腳大叫，直到聲嘶力竭，小孩們也沒理會他，其中，還有幾個頑童反而朝杜甫扮了一個鬼臉，然後在一陣大笑中，抱著茅草逃走。杜甫雖然氣得直跳腳，不停揮動手中的拐杖，卻也莫可奈何，只能任由雨水灑落草堂內。而那扇門也因為無法抵擋強風之吹襲最後倒了下來。

夜晚，風雨沒有停歇的跡象，越來越強，也越來越冷了，被褥全濕，一夜不能安睡。杜甫失眠了。

臉上滿佈著雨水與淚水。

■

嚴武過世後，繼任節度使的郭英是一位粗暴的武夫，不喜歡文人，也看不起詩文；加上他認為杜甫是嚴武的人，心存歧視，因此處處刁難。

杜甫失去憑依，只好舉家遷離成都，再度過著有一餐沒一餐的飄泊生活。

帶著妻兒，他們乘船東下。離開成都時，雨正下著。

次年，暮春，來到了夔州。

杜甫在夔州住了一年九個月，因為覓食不易，而於大曆三年（西元七六八年）離開了長江三峽，輾轉往江陵、公安的方向而去，於年底時抵達了岳陽。

杜甫生活的最後兩年，居無定所，飄泊於岳陽、長沙、衡陽、耒陽之間，大部分的時間多在船上度過！

卷十四　為功名乾杯！

劍外忽傳收薊北，初聞涕淚滿衣裳。
卻看妻子愁何在？漫卷詩書喜欲狂。
白首放歌須縱酒，青春作伴好還鄉。
即從巴峽穿巫峽，便下襄陽向洛陽。

杜甫《聞官軍收河南河北》

自安史之亂後，唐朝的動亂似乎沒有停歇，這令杜甫感到心痛不已，也心慌。

杜甫晚年時生命中的貴人——嚴武死了。永泰元年（西元七六五年）五月，杜甫帶著家人與簡便的行李，租了一條船，順著長江往東的方向遷徙，過宜賓、重慶；次年，抵達了夔州。歷盡滄桑的杜甫已經五十四歲了，體弱多病，耳朵也聾了。

二年後，與他結髮多年，陪她走過一生的老婆也過世了，他幾乎成為一個殘廢的老人。然而，他仍然堅強地面對每一吋偶爾自眉間飄過的風雨，與有點冷、有點寂寞的陽光。

那年秋天，在夔州節度使判官薛十二的撮合下，他與當地一位女子結婚，杜甫稱呼她為山妻。在此時，杜甫的大兒子宗文也已長大了，可以幫忙他做一點事，在兒子的協助下，杜甫的生活倒也沒有太多的困窘。乘船出峽，過江陵、公安，到岳陽，之後，南下到潭州、衡州，準備前往郴州依靠舅舅崔偉。

舟船於郴水逆流而上，速度十分緩慢，進入耒陽縣時，遇到了罕見的洪水，在兒子的協助下，安全雖然無虞，但船只在原地打轉，無法繼續前進，最後只好停泊於方田驛。杜甫在途中受困於洪水時，本打算北上漢陽回長安去，但因為當時貧苦得只能以藜羹度日，風痺病又突然轉劇，力不從心之餘，只能繼續留於湘江上游，待在漂泊的船上過日子。

二十歲的大兒子宗文與十六歲的宗武餓得臉色蒼白了，在杜甫的監督下，每天還要讀許多文選。孩子們也累了。

冬天來得特別早。寒流侵襲潭州，大雪紛飛。

以船為家的杜甫，停泊於湘江岸邊，因為天氣冷加上盤纏不多，從秋到冬，已經四個多月了。

杜甫已經老了，而且身子瘦弱多病，經常不得不暫居江邊，由他的兒子幫他燉藥養病。喝了一些他自己調配的藥草後，汗水涔涔，身子覺得舒服了些，他會到岸邊四處走走，偶爾寫幾首詩，敘述自己的病情。

左右鄰船都是捕魚為業的人，漁民們只把杜甫的一家視為外鄉人，把鬢鬚泛白與兩眼昏花的老人，看做是落魄的流浪漢，沒有人知道他是詩人杜甫。

杜甫不在乎。他已經不在乎所有的異樣眸光了。

他在乎的是歸宿，一個落葉歸根的地方。

冬。霜降。

江水悠悠，冷透了杜甫的心，他不發一語，倚在船篷邊眺望遠方，烏鴉在枯乾的老樹上嘶喚，為蕭條的冬景增添了幾縷寒意。有點冷冽的空氣在鼻梢縈繞不去，他不自覺顫抖了幾下身子，無力地拍去滯留於滿身是補綴的殘破皮襖上的薄霜，想起自己一生的漂泊，忍不住流下淚來。

風急天高猿嘯哀，渚清沙白鳥飛回。
無邊落木蕭蕭下，不盡長江滾滾來。
萬里悲秋常作客，百年多病獨登臺。
艱難苦恨繁霜鬢，潦倒新停濁酒杯。

杜甫《登高》

卷十四　為功名乾杯！

想起了往事，難免心疼。

夜深了，於冷風中醒來，杜甫輕聲吟誦著不久前剛完成的詩文，感慨萬千。

天高風急，兩岸的猿聲似乎蘊含著無限悲哀，遠方的孤洲沙白，只見沙鷗不時低空盤旋。隨著陣陣秋風，無邊無際的落葉紛紛飄落，奔騰不息的長江之水前擁後推，永無歇止地滾滾而來。面對這蕭瑟的秋色，不禁悲從中來。想到自己的大半生長期漂泊他鄉，如今已到了垂暮之年，又渾身是病，一個人孤零零地獨自登上這江邊的高地，實在是可悲啊！世事難料與生活艱難，可恨秋霜已染白了雙鬢，窮困潦倒之餘，本想藉酒澆愁，卻因身體有病又被迫得放下這杯澆愁的酒杯！

棄我去者，昨日之日不可留；
亂我心者，今日之日多煩憂。
長風萬里送秋雁，對此可以酣高樓。
蓬萊文章建安骨，中間小謝又清發。
俱懷逸興壯思飛，欲上青天攬明月。

抽刀斷水水更流，舉杯消愁愁更愁。
人生在世不稱意，明朝散髮弄扁舟。

李白《宣州謝朓樓餞別校書叔雲》

幾杯黃湯下肚，杜甫有點醉意了，不自覺吟起的李白的詩，心情顯得落寞。

一盞孤燈照著寂靜的夜空，四周一片沉靜。

「是啊！抽刀斷水水更流，舉杯消愁愁更愁。人生在世不稱意，明朝散髮弄扁舟。」杜甫自言自語著。淚水，沿著臉上的細密皺紋滑落，於冷風中顯得更悽涼了。

他沒有擦去淚水，倚在船篷邊眺望遠方，望著曾經走過的悲歡……

■

寒鴉飛舞，雪落了。

唐代宗大曆五年（西元七七〇年），漂泊的杜甫過世了，雙手一攤，於掌中晃蕩的是冷冷的風。

一生顛沛的杜甫，死後沒有留下錢財，只留下一篇又一篇的詩文。他的妻子變賣了衣物，歸還了船，取回了押金，買了副棺木草草入殮，帶著宗文、宗武與幾個聞訊趕來弔喪的親友，把靈柩送到了岳陽。

親友們把幾碗酒灑向杜甫的墳頭後，想起杜甫一生的漂泊，忍不住轉過身子，偷偷擦拭淚水。

四十三年後，宗文、宗武長大了，由於沒有取得功名，戰火紛亂，仍然過著貧困的生活。直到宗武的兒子杜嗣業長大了，日夜奔走，求了許多人，才籌了一些錢，把杜甫的靈柩送到洛陽，將杜甫的靈柩葬於首陽山下的祖墳邊。

杜甫不再流浪了。

當他安息於首陽山下時，夕陽灑落於大明宮外的丹鳳門。

經歷了戰亂的大唐帝國仍在，而在戰亂中被摧殘得體無完膚的詩人，是否於九泉之下找到了李白？

長安城仍然熱鬧著，騎著驢子的讀書人為了參加科舉考試而在酒肆中煮酒論詩，眉宇間散發著杜甫式的狂傲。
為功名乾杯！
為生活乾杯！
為往事乾杯！

附錄　杜甫詩選

三吏、三別這六首詩是杜甫著名的組詩，創作於乾元二年（西元七五九年）八月。

天寶十四年（西元七五五年），安史之亂爆發後，安祿山帶兵反叛朝廷，從范陽長驅南下攻陷洛陽，次年稱帝，不久又攻佔長安；天寶十六年（西元七五七年）唐軍收復長安和洛陽，但在與潰敗的叛軍作戰中也受到重大損失，為了與叛軍繼續作戰，軍隊到處拉丁補充兵源，臨近前線的新安、石壕一帶受害最深。而杜甫當時因為替房琯諫言而觸怒肅宗，從左拾遺貶為華州司功，他由洛陽回華州任所，經過新安、石壕、潼關等地，將一路見聞寫成了三吏、三別。這六首詩是寫實主義詩歌的傑作，真實地描寫了縣吏、官吏、老婦、老翁、新娘、征夫等人在戰亂、黑暗、民不聊生的社會動蕩時期所受的痛苦和災難，生動地展現出百姓淒慘的生活悲劇，也體現了杜甫憂國憂民的思想。他目睹了這些人的苦難生活，並對他們寄予了深深的同情，同時也對官吏帶給人民迫害、奴役而感到深惡痛絕。

多年以後，再讀這六首詩，想哭的衝動仍然強烈。

客行新安道，喧呼聞點兵。借問新安吏：縣小更無丁？府帖昨夜下，次選中男行。
中男絕短小，何以守王城？肥男有母送，瘦男獨伶俜。白水暮東流，青山猶哭聲。
莫自使眼枯，收汝淚縱橫。眼枯即見骨，天地終無情。我軍取相州，日夕望其平。
豈意賊難料，歸軍星散營。就糧近故壘，練卒依舊京。掘壕不到水，牧馬役亦輕。
況乃王師順，撫養甚分明。送行勿泣血，僕射如父兄。

杜甫《新安吏》

士卒何草草，築城潼關道。大城鐵不如，小城萬丈餘。借問潼關吏：修關還備胡？
要我下馬行，為我指山隅：連雲列戰格，飛鳥不能逾。胡來但自守，豈複憂西都？
丈人視要處，窄狹容單車。艱難奮長戟，千古用一夫。哀哉桃林戰，百萬化為魚。
請囑防關將，慎勿學哥舒！

杜甫《潼關吏》

暮投石壕村，有吏夜捉人。老翁逾牆走，老婦出門看。吏呼一何怒！婦啼一何苦！

聽婦前致詞：三男鄴城戍。一男附書至，二男新戰死。存者且偷生，死者長已矣。
室中更無人，惟有乳下孫。孫有母未去，出入無完裙。老嫗力雖衰，請從吏夜歸。
急應河陽役，猶得備晨炊。夜久語聲絕，如聞泣幽咽。天明登前途，獨與老翁別。

杜甫《石壕吏》

兔絲附蓬麻，引蔓故不長。嫁女與徵夫，不如棄路旁。結髮為君妻，席不暖君床。
暮婚晨告別，無乃太匆忙。君行雖不遠，守邊赴河陽。妾身未分明，何以拜姑嫜？
父母養我時，日夜令我藏。生女有所歸，雞狗亦得將。君今往死地，沈痛迫中腸。
誓欲隨君去，形勢反蒼黃。勿為新婚念，努力事戎行。婦人在軍中，兵氣恐不揚。
自嗟貧家女，久致羅襦裳。羅襦不復施，對君洗紅妝。仰視百鳥飛，大小必雙翔。
人事多錯迕，與君永相望。

杜甫《新婚別》

四郊未寧靜，垂老不得安。子孫陣亡盡，焉用身獨完。投杖出門去，同行為辛酸。

幸有牙齒存，所悲骨髓乾。男兒既介冑，長揖別上官。老妻臥路啼，歲暮衣裳單。孰知是死別，且復傷其寒。此去必不歸，還聞勸加餐。土門壁甚堅，杏園度亦難。勢異鄴城下，縱死時猶寬。人生有離合，豈擇衰盛端。憶昔少壯日，遲回竟長嘆。萬國盡徵戍，烽火被岡巒。積屍草木腥，流血川原丹。何鄉為樂土？安敢尚盤桓？棄絕蓬室居，塌然摧肺肝。

杜甫《垂老別》

寂寞天寶後，園廬但蒿藜。我里百餘家，世亂各東西。存者無消息，死者為塵泥。賤子因陣敗，歸來尋舊蹊。久行見空巷，日瘦氣慘淒。但對狐與狸，豎毛怒我啼。四鄰何所有？一二老寡妻。宿鳥戀本枝，安辭且窮棲。方春獨荷鋤，日暮還灌畦。縣吏知我至，召令習鼓鼙。雖從本州役，內顧無所攜。近行止一身，遠去終轉迷。家鄉既蕩盡，遠近理亦齊。永痛長病母，五年委溝溪。生我不得力，終身兩酸嘶。人生無家別，何以為蒸黎。

杜甫《無家別》

後記　杜甫二三事

清江一曲抱村流，長夏江村事事幽。
自去自來梁上燕，相親相近水中鷗。
老妻畫紙為棋局，稚子敲針作釣鈎。
但有故人供祿米，微軀此外更何求？

杜甫《江村》

杜甫三十五歲到了長安，一直鬱鬱不得志。

不久，父親病了，星夜趕往奉天縣，杜閑已臥床不起。

杜甫自然哀痛萬分。葬父之後，家境越發困難，便將鞏縣原有的先人遺產留給繼母弟妹，自己返回洛陽，將姑母當年所贈薄田和一些零星物件全數變賣，帶了妻子移居長安。

父親過世了，生活陷於困境。

年終歲寒，冬雪消融，暖陽陽的宮闈裡，吹進了和煦的春風。

一走出那巍峨的宮闕，離開豪華奢侈的長安城，同樣是除夕夜，有人歡樂卻也有人獨自哀愁。

當杜甫窮得不能度日時，聽人說起，韋濟由河南尹內調尚書左丞，已回到了長安。想到當初剛到長安時，曾經獲得韋濟的幫助，他也很賞識自己的詩文，雖然後來被派到外地作官，兩人久未相見，但這時聽說韋濟調京，或許恰是貴人出現了！

登門拜訪，偏偏韋濟出門還未回來，那些看門的奴僕無人認識杜甫；而杜甫衣冠不整，也不便在人家中等候，只得把話留下，再到街上閒逛。

杜甫雖然有太多無奈，也只能忍了下來！

為了謀求政治地位，以實現「致君堯舜上，再使風俗淳」杜甫曾寫信給韋左丞丈，暢述政治理想。整篇的意思是：

紈褲子弟不會餓死，有才德的讀書人卻不能獲得施展才德的機會。

請您試著靜聽，容我這卑賤的人把事情說清楚。

從前當我還年輕的時候，讀書超過一萬卷，提起筆來寫文章如有神通。辭賦估計可以比美揚雄，詩歌與曹植相近……不料我的理想竟遭冷落，被迫陪著貴客們詩酒宴遊。騎驢到長安已有十三年，旅居寄食在繁華的京都。早晨去敲扣富人的大門，吃喝殘留的酒食，處處使我心頭隱藏著悲哀辛酸。（出自杜甫《奉贈韋左丞丈二十二韻》）

那封信有二百二十字，字字血淚，卻沒有獲得善意的回應。

杜甫繼續在街上閒逛。他已經很久沒有笑容了，把手伸進褲袋裡，發現僅剩一枚銅錢時，望著酒肆而心酸不已。

■ 杜甫出生那年，杜家在鞏縣已居住八十五年。祖父、父親在外為官，生活應該還算過得去。

唐代官吏的俸祿不薄，正七品到從八品的官吏，歲俸糧八十至六十二石，月料錢四千一百至二千四百文。此外，以唐時的授田規定，縱使八品也賜田三頃，一般百姓，丁男給田畝只有一百畝。

盛唐時的米價，每斗約二十錢。

貞觀年間，一斗糧僅三錢至五錢。到了唐肅宗李亨執政年代，因安史之亂波及，米價飆升為一斗七千錢，杜甫為生活所苦，百姓也愁眉不展！

杜甫晚年，貧病交加，流落於荊楚之地，窘迫到不乞米就無以活命的地步。

杜甫具有貴族血統，可他居然潦倒到一度以藜羹充飢，最小的兒子也因家貧而夭折，是安祿山起兵造的孽，或是唐代少了奉養文人的詔令？

杜甫跌宕起伏的求官之路和苦難坎坷的生活歷程充滿了艱辛，他所經歷的政治挫折、貧窮、飢餓、疾病、逃亡，都是一般人無法想像和承受的。

■

如今的杜甫墓，一共有八座，分別位於：湖北襄陽、湖南耒陽、陝西富縣、陝西華陰、湖南平江小田村、四川成都，以及河南偃師、鞏義等地都有杜甫墓。這八個地方都是當年杜甫行蹤所及之處。何者為真？

一說是湖南的耒陽縣。據《耒陽縣志》載：杜甫溺死江中，被水漂走，連屍體都找不到，縣令只好拾起他留在洲上的靴子葬進墳墓。

一說是杜甫葬在河南偃師。唐代詩人元稹應杜嗣業的請求，為杜甫寫了一篇墓誌銘。他在《唐故檢校工部員外郎杜君墓系銘》中寫道：

> 適遇子美之孫嗣業，啟子美之柩，襄祔事於偃師。途次于荊，雅知余愛其大父之為文，拜余為誌。辭不能絕，今因系其官閥而名其卒葬云……嗣業貧無以給喪，

收拾乞丐，焦勞晝夜，去子美，歿後餘四十年……

元稹為杜甫寫的墓誌銘，是杜甫葬於河南偃師一說的重要根據。

另一說為杜甫葬在岳陽。

清代同治年間的《巴陵縣志》卷二十〈冢墓〉，根據元稹撰寫的杜甫墓誌銘，說杜甫葬在岳陽：

杜甫墓在岳州，今不知其處。按元微之墓誌，扁舟下湘江，竟以寓卒，旅殯岳陽，是杜墓在岳陽也。元和中，孫嗣業遷墓偃師，後人遂失其殯處。

從這段文字記載觀之，岳陽確實曾經暫厝杜甫靈柩，後來，杜嗣業把他遷到偃師首陽山了。

還有一說違杜甫葬在平江。

嘉慶《平江縣志》載：

左拾遺杜甫墓在小田。按元微之墓誌，旅殯岳陽四十餘年……歸祔固宗武意中事，而大曆干戈擾攘，殯不果歸，流寓而遂家焉，無足怪者。

《平江縣志》認為杜甫葬在平江小田，因為杜甫靈柩囿於戰亂而無法歸喪，他的子孫也陸續在平江生活下來。

比較可能的是，杜甫墓位於鞏義新城西方。

西元一九八五年整地時，在土下發現一石碑，雕刻粗糙，好像是匆忙之作，此碑與當時杜甫墓前遺存下來的底座對接合縫，雖然落款字跡已風蝕剝落，學者以風格來推斷，初步論斷屬於唐代之物。

根據當時杜家遷葬杜甫遺骨時的財力推測，那不足一公尺高、質樸的石碑，應該就是杜甫的墓碑。

唐人風俗厚葬，朝廷規定三品以上官員下葬，隨葬器皿不許超過七十件，九品者不得超過二十件；器皿不得用金銀，可用陶瓦。

杜甫生於厚葬的時代，竟以薄葬入土，可見杜甫死時境況之淒慘！

■

西元二〇〇九年三月，杜甫過世後的一二三九年。

在中國大陸的湖北大冶市保安鎮竹林杜灣傳出發現杜甫第四十八代子孫的消

息，雖然已不再是新鮮的話題，但杜甫的後代子孫已可以安居樂業過日子，不再漂泊，的確讓許多人安下一個心。

八十六歲老人杜大銘拿出這套被珍藏了半個多世紀的《杜氏宗譜》，明確記載當地杜姓居民身世之謎。

譜中記載：杜甫生有二子，分別叫杜宗文、杜宗武。長子杜宗文生子名叫杜嗣紹，後裔位於福建紹武府；次子杜宗武生子名叫杜嗣業，在其後裔中，其中就有一支於元代末年從「江右南康府建昌縣（今江西省九江市永修縣）梅溪遷湖北大冶果城（今大冶市劉仁八鎮）」，之後，又大部分遷至保安鎮居住。

目前，族譜記載中的杜甫後裔，約有三千人居住在大冶，分別分佈於保安鎮、還地橋鎮、劉仁八鎮。其中，保安鎮蘆嘴杜灣、七房杜灣、新莊杜灣、竹林杜灣、榨鋪杜灣共有一千八百多名杜甫後裔。

路過時，別忘了打聲招呼！

放歌縱酒話盛唐：詩聖杜甫的鎏金歲月

作者　鄧榮坤

發行人　林敬彬
主編　楊安瑜
責任編輯　陳亮均
執行編輯　林芳如
內頁編排　詹雅卉（帛格有限公司）
封面設計　王雋夫（樂意設計有限公司）

出版　大旗出版社
發行　大都會文化事業有限公司
11051台北市信義區基隆路一段432號4樓之9
讀者服務專線：(02)27235216
讀者服務傳真：(02)27235220
電子郵件信箱：metro@ms21.hinet.net
網址：www.metrobook.com.tw

郵政劃撥　14050529 大都會文化事業有限公司
出版日期　2013年09月初版一刷
定價　250元
ISBN　978-986-6234-60-6
書號　History48

First published in Taiwan in 2013 by Banner Publishing,
a division of Metropolitan Culture Enterprise Co., Ltd.

4F-9, Double Hero Bldg., 432, Keelung Rd., Sec. 1, Taipei 11051, Taiwan
Tel: +886-2-2723-5216　Fax: +886-2-2723-5220
Web-site: www.metrobook.com.tw　E-mail: metro@ms21.hinet.net

大旗出版 BANNER PUBLISHING　大都會文化

國家圖書館出版品預行編目資料

放歌縱酒話盛唐：詩聖杜甫的鎏金歲月 / 鄧榮坤著.
-- 初版. -- 臺北市，大旗出版：大都會文化發行，
2013. 09
256 面；21×14.8 公分.

ISBN 978-986-6234-60-6（平裝）
1.（唐）杜甫　2.傳記

782.8415　102015823

大都會文化 讀者服務卡

書名：**放歌縱酒話盛唐：詩聖杜甫的鑾金歲月**

謝謝您選擇了這本書！期待您的支持與建議，讓我們能有更多聯繫與互動的機會。

A. 您在何時購得本書：_____年_____月_____日

B. 您在何處購得本書：__________書店，位於__________(市、縣)

C. 您從哪裡得知本書的消息：

1.□書店 2.□報章雜誌 3.□電台活動 4.□網路資訊

5.□書籤宣傳品等 6.□親友介紹 7.□書評 8.□其他

D. 您購買本書的動機：（可複選）

1.□對主題或內容感興趣 2.□工作需要 3.□生活需要

4.□自我進修 5.□內容為流行熱門話題 6.□其他

E. 您最喜歡本書的：（可複選）

1.□內容題材 2.□字體大小 3.□翻譯文筆 4.□封面 5.□編排方式 6.□其他

F. 您認為本書的封面：1.□非常出色 2.□普通 3.□毫不起眼 4.□其他

G. 您認為本書的編排：1.□非常出色 2.□普通 3.□毫不起眼 4.□其他

H. 您通常以哪些方式購書：(可複選)

1.□逛書店 2.□書展 3.□劃撥郵購 4.□團體訂購 5.□網路購書 6.□其他

I. 您希望我們出版哪類書籍：（可複選）

1.□旅遊 2.□流行文化 3.□生活休閒 4.□美容保養 5.□散文小品

6.□科學新知 7.□藝術音樂 8.□致富理財 9.□工商企管 10.□科幻推理

11.□史地類 12.□勵志傳記 13.□電影小說 14.□語言學習（____語）

15.□幽默諧趣 16.□其他

J. 您對本書(系)的建議：

____

K. 您對本出版社的建議：

____

讀者小檔案

姓名：______________ 性別：□男 □女 生日：____年____月____日

年齡：□20歲以下 □21～30歲 □31～40歲 □41～50歲 □51歲以上

職業：1.□學生 2.□軍公教 3.□大眾傳播 4.□服務業 5.□金融業 6.□製造業

7.□資訊業 8.□自由業 9.□家管 10.□退休 11.□其他

學歷：□國小或以下 □國中 □高中／高職 □大學／大專 □研究所以上

通訊地址：______________________________

電話：（H）______________（O）______________ 傳真：______________

行動電話：______________ E-Mail：______________

◎謝謝您購買本書，也歡迎您加入我們的會員，請上大都會文化網站 www.metrobook.com.tw 登錄您的資料。您將不定期收到最新圖書優惠資訊和電子報。

放歌縱酒話盛唐

詩聖杜甫的鎏金歲月

北區郵政管理局
登記證北台字第9125號
免　貼　郵　票

大都會文化事業有限公司

讀　者　服　務　部　　收

11051台北市基隆路一段432號4樓之9

寄回這張服務卡〔免貼郵票〕
您可以：
◎不定期收到最新出版訊息
◎參加各項回饋優惠活動

大旗出版
BANNER PUBLISHING

大旗出版
BANNER PUBLISHING